魔鬼理财学

不动声色实现财务自由

崔鹏 著

江苏凤凰文艺出版社
JIANGSU PHOENIX LITERATURE AND ART PUBLISHING, LTD

图书在版编目（CIP）数据

魔鬼理财学：不动声色实现财务自由 / 崔鹏著. —
南京：江苏凤凰文艺出版社，2017.6
ISBN 978-7-5594-0257-8

Ⅰ. ①魔… Ⅱ. ①崔… Ⅲ. ①私人投资－基本知识
Ⅳ. ①F830.59

中国版本图书馆 CIP 数据核字(2017)第 085423 号

书　　名	魔鬼理财学：不动声色实现财务自由
著　　者	崔　鹏
责任编辑	胡　泊
出版发行	江苏凤凰文艺出版社
出版社地址	南京市中央路 165 号，邮编：210009
出版社网址	http://www.jswenyi.com
印　　刷	南京新华泰实业有限责任公司印刷厂
开　　本	890×1240 毫米 1/32
印　　张	8
字　　数	195 千字
版　　次	2017 年 6 月第 1 版　2017 年 6 月第 1 次印刷
标准书号	ISBN 978-7-5594-0257-8
定　　价	26.00 元

目录

第一章

你的投资理财观念有多少是错的

>>>>>>>

勤快给世界带来的麻烦

在电子革命前，人们会用更虔诚的对神的祈祷来解决找不到规律的东西。科学打破了很多人的信仰，但是却没能改变大家对无规律系统的努力程度。

我喜欢看热闹，比如马路上别人吵架什么的。这大概是个恶俗的爱好，不过也能从中找到有价值的东西。这个星期我在上班必经的一个 shopping mall 里就遇到了这样的事，大厅的主管正在指责一个手下的清洁工。这是个比其他人更勤快的清洁工，总是在早晨用墩布拖两遍大厅（其实一遍就可以了）。因为他每次拖地的最后一个地方是公共男厕所（你能想象很多不太优雅的男士在公共场所是怎么方便的吗），所以每当这个勤快的清洁工当班，整个 shopping mall 的大厅就像被泡到尿里一样。

这是个刚来上班不久的员工，他的本意可能是想表现好一点。当人们不知道怎么把一件事干得更好的时候，通常选择不辞劳苦地增加干这件事的频率。就像那个清洁工，别人做一遍而他做两遍。

在大多数情况下，人们这样增加频率以期在竞争中取得优势是对的。这种解决套路深深扎根在绝大多数人的脑子里，是因为人们自打原始人的时代就开始这么做。

对于新鲜事，人们习惯先根据它看起来像哪种以前遇到过的事再归类，然后通过它以后发生的几次情况，验证最开始的猜测。如果验证后发现不太离谱，大家就觉得找到了某一类事物的规律。对于找到规律的事，如果问题难度比较大，人们采取的办法都是按照解决简单事情的方法增加频率或者增加力度。对于能这么做的人，被赋予的一种美德就是勤劳。

对于人们找到规律的事，勤劳应该是对的。勤劳提高了整件事情的效率，或者通过做事的频率增加了成功的概率，这都是有效的。但是如果人们没有找到事情的规律，就不是那么回事了。由于无规律，勤劳无能为力；或者更糟糕，它帮了倒忙，比如，把整个大厅用尿擦一遍。

在投资的问题上，很多勤劳的人也吃了亏。投资者总希望预测到明天哪只股票涨停，或者哪个品种的期货的走势，以至于你应用于实际投资就可以稳定地赚到利润。但这几乎不可能，到现在为止，人类也没找到一种方法可以预测得如此精准。所以即使一个投资者再怎么勤劳，也无助于他的投资收益。我以前有个同事就是这样。他曾经投资期货，在那段时间，这个人几乎把除了睡觉的时间全用于“盯盘”。通过这种努力，这个家伙用不到一年的时间赔了60万元。

在投资理财方向上，还有一类勤劳我怀疑是完全无效的。那就是人们对于下一代的过度培养。我对身边很多在幼年时期被父母在某项技能上培养过的人做过统计，如果他们没有以那项技能为生，那么，那些玩意早就被忘得光光的。也许你会说，那些技能例如钢琴和舞蹈会陶冶人的“情操”，被培训过的人具有的优势是隐形的。

人们在幼年时接受多少种培训和他们日后从世俗意义上所讲的

成功几乎没有线性关系，在这条线上，那些家长做出的很多努力都会归于无效。

曾经有认识的熟人抱怨，种类繁多的培训班让他们身心俱疲，我想他们活该。另外，这也是无效勤劳的另一个坏处，它占据了一个人用于提高快乐水平的时间。其实，归根结底，人们稀缺的资源之一是时间，但很多人意识不到。

无效的勤劳会危害你的效率系统，但是人们在很多情况下还是会选择尽量勤劳地去做，这是为什么？除了对传统美德的青睐，还有就是这种极度付出感会降低人们的焦虑程度。大家希望劳碌了一阵子后，抹一把汗水，然后说“我尽力了”——虽然那可能毫无意义。在电子革命前，人们会用更虔诚的对神的祈祷来解决找不到规律的东西。科学打破了很多人的信仰，但是却没能改变大家对无规律系统的努力程度。

有一千万能财务自由吗？一个亿呢？

表面上人们都在追求财务自由，但所谓的“财务自由”的生活对于人们来说其实是一种不可承受之轻。

在拥挤的地铁上，连让你拿出手机看看朋友圈的空隙都没有的情况下，你会做什么？我的方法是幻想一下自己有了钱以后会做什么——也就是我们经常说的，财务自由以后该做点什么。这种意淫可以杀死时间，甚至还能减轻车厢里汗味儿、煎饼味儿对你的折磨。美国心理学家甚至推荐压力过大的人没事做做这种白日梦，他们认为这有助于缓解人们的抑郁情绪。

不过下了地铁，从“煎饼”烤箱里走出来，我会更理性一点地想这个问题，所谓的财务自由真的存在吗？我所怀疑的财富自由状态是否存在，第一个问题是，人们会不会很难判断自己是否已经达到“财务自由的阶段”。

我记得小时候跟我妈聊天，她问我的理想是什么，我说是攒10万元钱，那样我每年可以得到7000元的利息，能过上很不错的生活。但是事情过了二十多年，即使是我当初预想的财务自由水平的10倍，也就是100万元的存款，就算有自有住房，光靠吃利息，也只能过相当清苦的日子，甚至晚景还很可能凄凉。

财务自由这种状态衡量的时间非常长（大概每个人都想活得长一点吧）。即使那些精于计算的人也很难预期，未来几十年时间里，要维持“相当好”的生活所需要的现金流，会有怎样的变化幅度。我看了一些理财杂志六七年前对人们退休时所需资产水平的预期，那些数字搁到如今已经变得相当不靠谱了。

财务自由之所以难以确认，最主要的原因是人们很难预期长期的通货膨胀水平。除此之外，人们也很难预期未来社会的发展水平。你没法确定十年后除了现在的衣食住行，你还要支付哪些必需的生活成本，而那些生活成本的支付和你生活水准线性相关。

从另一个角度看，也会发现财务自由的疑点。那就是，那些福布斯和胡润榜上的富翁们，很少放弃工作，去过财务自由的生活。

我相信，一个人的可变现净资产如果超过一个亿，无论通货膨胀还是技术发展，都不会动摇他财务自由的可能性。但是，那些非常有钱的人中，很少有人真的放弃工作和他们的公司去环游世界。

人们拒绝财务自由的原因之一可能像美国社会学家理查德·康尼夫的《大狗：富人的物种起源》里说的那种恐慌：有1000万美元的人大部分都认为有2000万美元的话才会安享财务自由；有2000万美元的认为有5000万美元才更安全……总而言之，大家都认为要更稳健地保有现在的生活水平就得有比现在更多的钱。这样无穷尽地推导下去，大家永远有挣不完的钱，永远有操不完的心，所以谁都不敢主动选择不挣钱光花钱。

更重要的，绝大多数人都不知道自己放弃原有的社会性和社会角色之后到底应该怎么生活。这有点像《肖申克的救赎》中的老布。这个家伙坐了50年的牢，之后自由了反而觉得“我老得无法再胡闹了，我不喜欢这里，我厌倦了成天担惊受怕；我下决心不再逗留”。于是老布在公寓的椽子里刻上“老布到此一游”然后干脆上吊死了。

人们需要用社会性衡量自己的生存价值。对公司人来说，这种衡量标尺一般就是钱。财富增长迅速，人们会感到自己活得很好，财富增长停滞，就会焦虑和颓丧。而在财务自由的生活中，人们的财富水平是逐渐下降的。除非你找到并且习惯用其他标尺来衡量自己的生活价值，否则，对这种生活会本能地受不了。表面上，人们都在追求财务自由，但所谓的财务自由的生活对人们来说其实是一种不可承受之轻。

老一辈的理财观念一定不如你吗？

为什么两代人之间的理财观总有那么大差异，这和他们的效率认知有关。

公司人家庭中两代人之间的矛盾有多少是因为理财观念不同而产生的？我虽然没具体统计过，但能感到这个比例不小。特别是那些已经结了婚，而和某一方父母住在一起的，他们都看不惯对方的花钱方式。起码我身边这样的人，绝大多数都会有这个问题——你早晨把垃圾扔到垃圾袋里，晚上下班回来又看到它们被整理好放到了你的书桌上。

总的来说，上一代的人更节省，喜欢通过提高已有物料的使用效率来让家庭财务状况变得更好；而新一代的公司人对此却一点都不感兴趣。不过，老一代人并非天生如此。

在 1950 年代至 1970 年代，已经算是当代社会了，但中国内地还处于近似马尔萨斯经济社会的状态。什么是马尔萨斯经济社会？它是指，在一般社会形态下，人们的人均 GDP 增长是非常低的，在这种社会中，经济非常容易饱和，再加上当时的计划经济的社会生产组织形式，私人财务收入的可预期程度很高。基本上，一个年轻人在刚参加工作的时候就能预期他自己退休时的财务状况。

在这种社会阶段，人们通过自身努力增加私人财富的渠道几乎断绝（在很多时候被视为违法）。即便在现有工作岗位上偶尔可能通过增加劳动时间和效率而获得奖金或者提升，但总体上效率非常低。额外劳动获得只有份内劳动获得的5%左右。这种边际收益与边际收益的比值太低，以至于大多数人不会这么去做。

因此人们想把生活过得相对富裕，更有效的方式是提高现有物料的使用效率。比如，一双袜子经过人工修补可以穿上20年（天啊，搁现在好难想象）。人们也更愿意把脑力和体力放在这些家庭用具的修补和制作上。这种劳动力的付出比起在工作上劳动力的付出，在私人财务获得的效率上要高得多。

顺便在这儿提一句，很多女士非常喜欢提倡女权。而现实情况是，在社会生产水平还不太高的常态下，女性社会权利超过男性并不一定是个好现象。它很可能表明家庭内的劳动边际收益效率比家庭外的劳动边际收益效率还要高——也就是说补袜子比加班的收益还要高——这说明，社会生产水平处于比较停滞的阶段。

在1980年代后，这种情况得以改变，加班的收益效率超过了补袜子。这种效率的超越在2000年以后更加明显，中国从马尔萨斯经济阶段过渡到新经济阶段。所以，在这个阶段之后走入社会参加工作的人更倾向于加班，而不是把时间和精力用来节省。两代人的财务观念不同，很大程度来自于自己头脑里习惯的效率比较认知。

那么，有解决方案吗？有什么便捷有效的方法可以让两代人的财务认知差异得到弥合？

总的来说，有三种方法，一种是年轻一代忍了，你假装认同上一代人的效率偏见，也兴致勃勃地在节能灯下补袜子。其实，这也不见得是多么离谱的事。你试一试才会知道，自己是不是特别不喜欢这种业余生活。

第二种，和有分歧的上一代人分开住吧。比如在四环内再买一套房。如果这种解决方案对你来说有点困难，那么你也可以和你的配偶在外边租一套房。你不能只将对自己有利的新经济理念搬过来用，而不接受“租房也能结婚生活”这种新经济理念。当然，如果你还是不能接受租房，那么我建议你采取第一种解决方案，住别人的房子就要忍耐一点。这很公平。

当然，第三种是最有效的。你可以选择离婚。这的确有效，但是一般人我不推荐使用，因为成本太高了。这种解决方案主要是给那些有点矫情的公司人使用的。

经济学家的投资建议为什么往往是错的

他们总是喜欢在理性的范围内下注，这样的投资收益肯定是中下等水平。

梅纳德·凯恩斯为什么没有获得诺贝尔经济学奖？答案很简单。不是因为凯恩斯水平不够，而是他死得太早。他1946年就去世了，诺贝尔经济学奖1969年才开始颁发，而且这项荣誉不能颁给死人——健康对人真重要啊，以至于《通论》2002年再版时，编者以作者凯恩斯的口气向读者道歉：实在抱歉，我死得太早，不能活着回答读者的问题。

凯恩斯除了是最伟大的经济学家，他的不同之处还在于，能通过交易赚到钱。而这是大多数经济学家都做不到的。

经济学家，不管是宏观层面的还是微观层面的，他们在投资交易上的成绩都乏善可陈。这是为什么呢？有的交易者为此讽刺那些经济学家：他们是了解100种做爱姿势却从来没和情人做过爱的人。实际上我觉得，如果只是这个差别倒没什么，知道100种姿势，动态地看，对未来的性爱过程肯定是有很大帮助的。

实际上，经济学家和成功投资者之间有一个基本的不同：那就是经济学家一直想搞明白世界应该变成什么样，也就是所谓的最优状态。而交易者的重点是这个世界将变成什么样。

至于真实情况为什么没有变成经济学家预期的样子，是因为理想和现实之间存在鸿沟，这是一个非常复杂的问题。但人们普遍不那么理性，这也导致知道世界应该变成什么样的经济学家普遍比较悲观。而成功的投资者偏于乐观。

你可以把投资这个领域想象成一个 2*2 的矩阵。这个矩阵里的 4 个象限分别是：A、你猜对了要发生的事也猜对了市场反应；B、你猜对了要发生的事但猜错了市场反应；C、你猜错了要发生的事但猜对了市场反应；D、你猜错了要发生的事也猜错了市场反应。

举个例子，比如美国大选，特朗普意外当选了。乔治·索罗斯在大选之前就猜到了这个事实，但是据报道，他却赔了 10 亿美元。这是怎么回事？原来索罗斯认为，特朗普当选的话，高风险投资品的价格应该下跌，而作为最佳投资工具的黄金价格应该大涨。他的确是这么投资的，而事实和他猜测的相反——股票市场大涨，黄金价格却大幅度下跌。索罗斯的交易就落在了上边说的矩阵及象限里。

而经济学家呢，他们参与交易时，总是判断在理性的事情发生之后人们会做出理性的反应。从交易的角度来说，经济学家押宝的领域是收益最低的，但市场的非理性程度总是比预料的要高。因此，经济学家（假设他是个合格的经济学家）的投资收益不会糟糕到破产，但是平均收益肯定处于中下等水平。所以在大多数情况下，经济学家（除非你是凯恩斯）还是靠出书讲课挣钱实在一点。

这个事实让很多经济学专业的学生失望，他们的学业看上去似乎在和钱打交道，其实还是在和书本打交道。不过也有好消息，不管是乐观主义者还是悲观主义者，从事有关财经的工作都有希望活得很长。

乐观大概是可以让人长寿的。这个问题在沃伦·巴菲特所在的那个格雷厄姆－多德投资俱乐部成员的年龄上就可以看的出来。这些投资家活过 80 岁只是底线（这个底线是 2005 年去世的比尔·鲁安创造的，他创办了红杉基金）。那些出色的投资者活过 90 岁的是主流，年龄超过 100 岁的也并不罕见。

悲观主义者也不差，我统计了获得诺贝尔经济学家的学者年龄，他们只比那些投资家的寿命短一点。底线是坎托罗维奇，他活了74岁。

从这一角度看，既是经济学家又是投资家，从事财经领域报道的编辑记者和关注他们的人也能活得相对长一些。

不去星巴克的人为什么也没有攒下钱买法拉利

当人们要改变自己或者配偶一种并不过分的快乐解决方案时要三思而行，这很可能不是个好主意。

同事跟我推荐了论坛上的一篇帖子，是关于喝咖啡的。帖子的内容是，如果一个人有每天喝两杯星巴克大杯拿铁的习惯，虽然很惬意但也很费钱。

帖子给我们算了笔账，一天两杯拿铁大概要花 70 元，3 年喝了 1000 天，总共花在拿铁上的钱是 7 万元，而一个人大概会工作 40 年，那么这个人上班期间花在拿铁上的钱大概是 100 万元。这笔钱大概可以买一辆中等配置的法拉利了。帖子的结论是每个人身上都有类似的拿铁因子（就是像喝拿铁一样享受，但是有点费钱的习惯），如果戒掉这些拿铁因子，按一辈子计算，能省下很多钱。

从逻辑上看这个建议似乎很有价值，但是你听过另一个故事吗，是关于吸烟的：一个不吸烟的老人劝一个吸烟的年轻人说：你如果不吸烟，一辈子省下来的钱都够买一辆法拉利了。年轻人反问：大爷，您不吸烟，您的法拉利在哪里？（当然，我们是支持戒烟的，戒烟更大的好处不是钱。）

类似于抽烟这个话题，两个收入相仿的年轻人，一个喝拿铁，另一个不喝，在退休的时候，不喝拿铁的人很可能并没有比对方多出一辆法拉利。这两件事甚至根本没有线性关系。

为什么戒掉拿铁，或者像帖子里说的去除拿铁因子的人并不一定在财富水平上胜出？人是多么复杂的动物，哪有那么简单呢。

这件事的第一个问题在于，喝拿铁给那个人带来了多大快乐？如果是很快乐，那么这对那个人的人生来说真的很重要。

我还记得我高中时暗恋隔壁班的一个女孩，因为她参加了数学奥数班，我也就争取加入了进去，而且整个高中阶段我的数学成绩都特别好。

快乐对人来说很重要，起码比绝大多数人想象得要重要得多。加拿大心理学家索尼娅·柳波莫斯基曾做过实验，她的助手们想办法让参与者们更加快乐。比如，夸他们，让他们捡到点钱（这是助手们故意丢的）……对比实验表明，一个人在快乐的状态下工作效率会更高，对其他人也更友善。人们往往认为成功以及成功获得的奖励会让人快乐，实际上这个循环也能反向运作，快乐的人更容易成功。

也许喝拿铁的人因此感到快乐，就像我一样，那点小快乐支撑着他做事更有效率。在这个过程中，这个人因为快乐赚到的钱可能比不喝拿铁省下来的还要多。单纯地把这个人的“拿铁因子”拿走可能并不是一个很好的主意。

第二个问题，你关注到因为不喝拿铁而多出来的时间了吗？一个人在星巴克排队，点拿铁并且等着它凉一点，然后再微微出汗地喝完它，每杯大概需要25分钟。两杯拿铁，50分钟的时间，你怎么度过，这需要更好的解决方案。人们很难主动去改变自己无害而且承受得起的行为模式，除非找到另一种更有趣的。

在现在的中国超级城市中，要找到一个比独自喝拿铁更快乐而且便宜的事大概是非常困难的。这里还有一个便于实施的因素，情侣约会，卿卿我我或者直接做爱做的事，是很快乐，但是实施成本太高了。

我倒不是为拿铁主义者辩护，反正从我的角度看，比喝拿铁更有性价比的休闲快乐方式并没有太多。很多人并不喝拿铁，他们同样没有法拉利，过得甚至更糟，原因就是他们的拿铁因子替代方案比之前的拿铁因子要差很多。有时候这种差距并不明显，而且这种差距不一定只表现在财务问题上，而是渗透在整个生活中。人很难能觉察到，一种好的快乐解决方案到底有多重要。

叮嘱一句，当人们要改变自己或者配偶一种并不过分的快乐解决方案时要三思而行，这很可能不是个好主意。

两年攒12万的蠢主意

由于人们的收入增长速度差别越来越大，所以单纯劝人闷头攒钱就成了蠢主意。

新媒体对于一个传统媒体人的挑战有一些是思路上的。

有些内容，在有 × 格的传统媒体看来，根本不会涉及，但是，它们在互联网上却很可能很受欢迎，甚至变成了好内容。

比如，最近的一条报道，成都一个女孩月薪6000元但两年攒了12万元。如果是过去，编辑会对写这个稿的记者说："这是什么玩意？在家瞎编的吧！"但现在，这个稿子所引起的话题被好几个最有影响力的信息平台推送，并且应者如云。

这是个好话题，原因在于它有足够的开放性，攒钱是大家喜欢谈论的。

两年攒12万，对于很多年轻公司人来说的确不容易。

这些存款有可能改变你未来的财务状况，但这是种好的理财方式吗？未必。

在这个案例中，这个女孩被描述成几乎不社交也不开车，娱乐只是在家唱卡拉 OK——在家做这种娱乐邻居是不是会报警——她为什么可以把消费水准降到这么低?

一个合理的解释是“偏好”。我遇到过不喜欢社交的人,不要说和同事出去吃饭交往要花钱,即使是倒找钱他都不愿意去。

但是,这种生活模式对于另一些人简直是地狱,你愿意为了攒钱而降低生活的快乐程度吗?就像萨缪尔森提出过的,这里有所谓的“效用”问题。你愿不愿意,要看存款对你的效用大,还是快乐对你的效用大。

由于这里说的是年纪相当轻的公司人,我更愿意推荐能让人对世界抱有更多好奇心的选择。

为什么对年轻人来讲快乐更重要?这是因为年轻人的收入水平增长速度快于社会平均水平,更快乐的人收入增长也会更快。(当然,你不要曲解我的话,虽然快乐很重要,但它和长期财务积累之间肯定不是线性关系,也就是说,肯定不是为了快乐花多少钱都可以;而且快乐应该建立在健康的范围内,比如说,不要吸毒。)

成都那个女孩的选择还有更加不利于财富积累的一点,那就是她几乎放弃了社交。在现在的城市生存环境下,这是多么不明智的一件事。

由于生产过剩,无论制造业还是信息产业,能更有效地获得潜在受众的价值越来越重要,而这种能力对于个人来说非常依赖于 ta 的社交范围和社交能力。

在这个时期,很多足够市场化的经济体中,女性地位逐渐提升,原因也正在于此——女性似乎天生比男性更喜欢也更善于社交,这和灵长类的一些天性有关。

所以有些时候,人们为社交投入的费用从某个角度看也是一种投资。这有点像一些会计师对企业广告投入的看法。对社交的投入，对于一个生活在中国超级城市的公司人来说不但是应该的，而且是很必要的。一个对财务有更高规划的人不应该为了省钱而拒绝社交。当然，我的意思也不是让你在社交活动中成为一个冤大头，对于如何在社交中获得更有效的回报是门非常复杂的学问。

成都这个女孩闷头攒钱，机械地减小或者推迟消费的行为，也许在150年前更适用，因为那时人们的收入增长非常慢，而且经济生活受不可控风险的影响非常大。

“守财奴”攒钱法是资本积累常用和有效的方式，但是在第二次世界大战之后（在中国是1979年之后），人们的收入增长速度变快了很多，人们被迫面对更复杂也更有趣的个人财务生活。凡是单纯劝人降低消费欲望攒钱提高财富水平的解决方案全成了蠢办法。

别相信那些资产配置比率

流行的家庭资产配置比率很多都没有依据，有的甚至从逻辑上看就有问题。

家庭理财大概是所有理财领域里最不严谨的一块。我看到很多所谓的理财师，一本正经地告诉别人很多资金配置的原则，而这些原则只要听的人稍微动一下脑筋就会发现，根本禁不起推敲。当然了，大多数被建议者也就是那么一听，并不会真的那么去做。

这些糟糕的理财配置建议中有一些很著名，其中名气最大的是你要保留家庭月生活费的6倍的活期存款。为什么这个倍数会定在6这个数字上？它的起源应该是美国的那些理财课本。在1980年代的美国，一个失业者被认为会在6个月内重新找到工作。而实际上，美国中产阶级家庭的平均数也从来没有达到过这个标准。

中国人虽然相对更喜欢储蓄，但是这个要求也明显太高了。特别是最近10年，资产金额化、证券化推进到更广泛的领域，互联网也让交易更加方便，很多金融产品的流动性变得更强了。在个人理财方面，除了一些封闭的信托理财产品，其他的只要你愿意，都可以买进后再在二级市场上交易。而且，很多理财产品期限都很短，在一个月到两个月时间之间。一个投资者把钱放在几个这样的产品上，资产的流动性基本等同于拿着6个月生活费的活期存款，同时投资收益要高4倍以上。

对一般家庭来说，在活期账户的存款是家庭月生活费额度的2倍就足够了，如果再配合信用卡，根本不用担心现金流的问题。

房贷占家庭月收入的1／3。这个现金流管理的保守倾向足够害得人根本买不上房子。

每个月的房屋贷款如果超过家庭月收入的1／3的确有些让人忧虑，但是这里并没有考虑通货膨胀和工资增长的问题。

从中国现在的GDP增速中期来说，还会有比较高的通货膨胀率。一般来说，在这种情况下，贷款利息的增速会输给通货膨胀。

当然更重要的是工资增长的速度，最近15年，北京上海这样的超级城市，公司人平均收入的增长在7倍左右。如果在这个阶段，你是个刚入职场的新鲜人，你的收入增长速度还要大于这个平均数。

现在北京或者上海这样的城市，一个年轻人每月的房屋贷款额度在1万到1.5万元是很正常的，但如果他恪守1／3原则可能根本就买不了房子。

保险的"双十"定律。这个定律的意思是，每年家庭缴纳保费的额度占到家庭年收入的1／10，总的保额是家庭年收入的10倍。

这个关于保险的定律很可能是卖保险的人制定的。从这个定律可以看出，这个保险计划的杠杆倍数是100倍。这个数字对于年轻的公司人（30岁以下的）来说有点小。在30岁以前，人们出行意外（这里说的是保险定义下的意外，不是我们一般意义上的理解）的可能性更大，它们的保险杠杆率应该更高一点。至于高到什么水平，是很难量化的，经验判断它应该在500倍以上。

如果你的家庭金融资产足够丰富，也没有必要购买那么多保险。一个家庭的保费比率可能在5%以下就够了。

每个月的家庭收入，1／3消费，1／3存活期备用金，1／3投资。这个定理在很多论坛流传很广，并且人们对这个配置方式中存在的悖论根本不在意。

如果一个家庭已经有了足够的备用金为什么还要每个月都留出备用金？毕竟钱和粮食不一样，存在进货出货的问题。而且对一个比较年轻的家庭来说，每个月只消费1／3的现金，这个额度太低了。

在27岁之前，一个新家庭，如果还保持在月光的地步并不是一件特别糟糕的事。人们在那个时候应该做的是，让自己的职业走上一个财富效应更高的平台，投资收入相对是很次要的。

聪明人的笨问题

答案并不完全由聪明人决定，也要看笨人笨到什么程度。

我有的同学的小孩已经上初中了，他们总体上叫我叔叔。“叔叔”的作用除了在过年时遇到他们要给红包，还有就是应同学的请求辅导这些小孩的作文——虽然这种辅导基本没什么价值——但是我有收获，那就是偶尔能了解一下“00后”在想些什么。

总体来说，其实他们想的东西和我在他们这个年龄时想的差别不大。比如几个重要问题是：考试、电子游戏、班级里的女生，以及班级政治。而聪明和帅被认为是最重要的素质……

我记得我们初中时似乎也是这样，很多同学表面上不学，回家后偷着看书以证明自己比别人聪明——当时可真变态啊。在30岁以后，我才意识到，聪明对人的帮助在所有素质中能不能排进前15名都是个问题。比别人聪明能让你找到更接近真理的答案吗？

为了说明这个问题，大家可以先做一道题，题目是这样的：在0到100中猜一个整数，这个整数和参与这个数字游戏的人猜的数字的平均数的 2 / 3 最接近。当然，参与这个游戏的其他人的任务和你是一样的。

你猜好了吗？好，先把数字写在一张卡片上，继续往下看我的算法是不是和你想的一样。

首先，如果你猜的是 50，那可能是个糟糕的答案。几乎在所有猜数字的游戏中，一个人找不到解决方式就会求助于 50。我很想把 50 这种数字命名为“妈妈数”。如果你假设人们猜的数字是随机的，那么 50 是平均值倒是可能的，但你忘了乘以 2 / 3。50×2 / 3，答案应该接近 33。

但是，33 是正确答案吗？因为参与这个游戏的人很多，可能有 1000 个，其他很多人也会想到这一点。那么所有人都猜 33 平均数也就是 33，平均数的 2 / 3 就应该是 22。不过这么看 22 也不是正确答案，因为很多人还是想到了这一层，22×2 / 3 是 15……

这个事儿一直这么推导下去的话接近没完没了。答案好像越来越接近零。如果你是学数学出身的，问题的解决方式早就胸有成竹了。

对，这是个博弈问题，说得更确切点这是个序列博弈。而得出答案是“0”就对了。博弈到“0”这个答案有个非常著名的专业名称——纳什均衡。纳什均衡大概的意思就是参与博弈的人在某个点都找不到更好的办法了。纳什均衡中的纳什就是《美丽心灵》里，那个先精神失常而后又获得好多笔钱的年轻人约翰·纳什。很可惜这个伟大的人因为车祸去世了。

纳什不在了，不过这个数字游戏还没完。曾经有很多数学家和经济学家在真人群体中做过这个游戏，这些人中有的是随机抽取的普通人，有的是非常理性的著名高校的学生。那个真正的平均数的

2 / 3从没有一次是“0” 。这个数字一直在10到20之间徘徊，并不会因为参加游戏的人群教育程度相对较高而变得更小。

世界就是这样的，即使你凭借自己的智力优势把逻辑推导得听起来非常流畅，也不能得到完美的答案。因为完美的答案有一定的随机性。这种情况在某些领域表现得比较明显，比如投资。

你听说过长期资本管理公司（LTCM）吗？这家公司曾经聚集了华尔街最棒的交易者，最好的数学模型建立者和几个伟大的经济学家。他们在投资市场下注，某种商品的现货和期货价格是逐渐收敛的，这从逻辑上来说也是对的。但他们因此破产了，还险些引起全球性的金融危机。

在某些时候，“实践是检验真理的唯一标准”并不完全正确（我的话里没有政治含义，只是逻辑探讨）。因为就像猜数游戏一样，正确答案不完全是由约翰 · 纳什决定的，也是由有多少人糊里糊涂地猜那个数是100决定的。

大家都不理性怎么办

理财课本的确太过时和迂腐，投资者不要再跟他们学习怎么用钱。

最近我得空又把以前学过的理财课本拿来看了下。除了能从书的空白处看到潦草的笔记，回忆一下十年前的往事，也发现了很多问题。

这类东西非常多，比如风险：经济学家基本认为，一个人30多岁以后，风险是随着年龄增长而增长的。但是，一个50多岁有着两套可出租房屋的寡妇是不是比一个30岁有两个孩子并且面临失业的男人更有财务风险，的确是应该再探讨的事。

更多的问题在于人们的消费和储蓄问题上。传统的理财课本竟然认为人们应该还完了贷款再储蓄投资——这我以前竟然没注意到，幸亏没有听它们的——这大概是二十几年前总结的理论，十几年前都还在用。其实，这二十多年，全球主要国家的利率水准一直在下降，美国1980年代利率曾经达到20%以上，而现在还不到1%。20%利率的时候先还掉贷款可能的确是明智之举。

其中还提到人们应该怎么分配消费和储蓄的比例。关于这一核心问题，很多大经济学家都研究过。比较有名气的是梅纳德·凯恩斯、米尔顿·弗里德曼，以及佛朗哥·莫迪利尼亚。这三个人中，只有凯恩斯没得过诺贝尔经济学奖。这是因为凯恩斯去世的时候还没有这个奖项，而这个奖项又不允许颁发给死人。

这三个最棒的经济学家，他们面对的其实是同一个问题，一个家庭如果获得了一笔意外收入，假如是 1000 美元的政府退税，他们会把多少用于消费，又把多少钱放到存钱罐里。

凯恩斯曾经在一家保险公司做过 17 年的董事长，对人的行为习惯有一些了解。他发现越是生活窘困的人越会把一笔意外所得更多地用于消费。而意外所得对于富裕家庭的消费几乎没有影响。一般人会把这 1000 美元的大部分消费掉，凯恩斯预测这个比例是 95%。

弗里德曼的看法比凯恩斯要复杂一些。他认为平均来说，家庭会谨慎地让自己的消费曲线尽量平滑。很可能，人们会考虑到其后三年的消费，而把凯恩斯认为大家会花掉的 950 美元分到三年里花。大约是每年花掉 316.7 美元。

莫迪利尼亚建立了比弗里德曼更加复杂的模型。他认为从理性的角度看，一个人不应该只关注几年内的收入和消费问题，而更应该着眼于一生。比如人们会把 1000 美元的退税合理分配到一生的预期寿命里。这个看上去有点繁复的运算就是著名的“生命周期假说”。也正是因为这个模型的助力，莫迪利尼亚获得了 1985 年的诺贝尔经济学奖。

凯恩斯、弗里德曼和莫迪利尼亚到底谁说得对？因为莫迪利尼亚的假设更聪明复杂，所以人们采用了他的想法。而那些理财课本只不过是正式经济学教材的应声虫，也就沿袭了这种假设作为一种规范。但在现实社会里谁会这么复杂呢！人们只是如果需要就把钱花掉而已。

保罗·萨缪尔森也是个伟大的经济学家，他的卓越贡献是把复杂的数学引入到经济学中。这种数学的扩张把研究经济学的人的智商提高了一个指数量级。但这也带来了明显的坏处，一个是普通人从那时起就很难看懂经济学著作了。经济学家的自传也枯燥得像没有加色素和味精的辣条。另一个，在后萨缪尔森时代，研究经济学的人理性、枯燥、数学非常好，就是不像人。令人遗憾的是，理财学的书中的那些人也都脱胎于这种小怪物。

如果把他们放到现实生活中，就会显出太聪明的害处，就是你比别人聪明很多，然后离谱的想法就出来了。理财学应该属于应用科学领域，它大概能教会人们在复杂的社会里最好怎么做，而不是在一个静止的社会想象里应该怎么做。按照这个标准，所有的理财书都得扔掉。

你的总比别人的好

禀赋效应出了非理性也有它很可爱的一面。

进入本文之前先回答一个问题。一个读者写信问我，为什么喜欢开玩笑，在他看来，理财专栏应该充满了账单和所谓的干货。我虽然知道他说的完全不靠谱，但真的不知道如何回复他。不过最近，我找到了一个答案。

丹尼尔·卡尼曼的合作伙伴阿莫斯·特沃斯基，是和卡尼曼一样伟大的行为经济学家。他在1996年因患癌症去世了，要不一定会和卡尼曼一起获奖。

在特沃斯基去世的前几天，他的儿子问自己要怎么过以后的日子。特沃斯基说："你应该不断和我开玩笑。你看以色列人的历史都是玩笑组成的，而那些正经八百的干货都没流传下来。你不断和我开玩笑，以后就会记住我。"

回到正题上来，记载这个故事的人理查德·泰勒，也是个行为经济学家。他研究得比较精熟的领域是所谓的"禀赋效应"。这么说听起来很难懂，大概的意思是，人们总觉得自己拥有的东西比别人的要好。即使是同一件东西，在自己拥有后的价值也比拥有它之前上升了不少。

人们并不是对自己拥有的所有东西都保持一致的禀赋效应。例如那些更富想象空间的东西，人们会认为自己拥有和别人拥有的价差极大。而越是拥有确定市场价格的东西，禀赋效应越微弱。有确定价格的东西里，最明显的就是钞票本身，很少有人会认为自己手里的 100 元票子会比别人的更值钱——如果他精神还算正常的话。而性伙伴，由于其神秘感递减，在一段时间后，其性价值也会出现递减，所以性伙伴的禀赋效应几乎是反向的。

让人充满想象力的东西有什么？比如说股票，还有人们哺育的小孩。这也是为什么有俗话说，孩子是自己的好，老婆是别人的好（这只是说明人有这种特性，并不体现作者的男权倾向）。

在这方面，美国的杰克·尼奇和澳洲的约翰·辛登做过试验，他们用的试验标的是彩票。他们把试验对象分为两组。一组人每人发了一张彩票，在试验结束后，彩票有可能获得几十美元的代金券，而彩票的期望值是 3 美元。另一组人，他们每人得到 3 美元现金。试验人员问两组人同样的问题，你们想要钱还是彩票。80% 拥有彩票和 70% 拥有现金的人都愿意保持现状。

这种禀赋效应的现实版我也见过，我参加了一个婚礼，新郎为每个参加婚礼的人买了一张彩票，并祝他们中奖，来宾们基本都很满意。当他们拥有彩票后，顿觉那张彩票的获奖概率大增。

这种禀赋效应是人们的一种原始本能，大脑分泌的某种物质让人们误以为自己拥有的东西更好，这就减少了人们对所拥有东西调换的可能性和频率，也降低了人们的焦虑感并节约了局部社会的摩擦成本，从而形成路径依赖。

客观来看，禀赋效应是非理性的，比如它给人们投资理财带来的困扰。一般人都会认为自己买的股票比别人所持有的股票上涨可能性要大。而这种心态让投资者很难在股票市场上改正自己的错误。

禀赋效应增加人们的路径依赖感，这种事对个人来说并不见得是好事。比如有的人即使挣得极少，在面临职业更换时也表现得非常谨慎，最后因为对麻烦和陌生的恐惧而放弃机会。

但从另一方面讲，这种被禀赋效应加强的路径依赖对社会的稳定是有利的。已有资源更少、收入更少的公司人觉得自己的工作和生活要好过客观情况，这使得社会竞争的激烈程度不那么高，而且加强了整个社会的平均职业感。所以，那些收入超过平均水平很多的公司人应该对别人更好一点，而不是傲慢地对待你周边的人，因为，你正在享受他们的路径依赖红利。你拥有更多的社会财富，并不全是竞争胜出的结果。

小心那些踩着马桶方便的人

真正给世界带来外部性伤害的人往往不是风险幻想中的目标，而是那些过于小心者。

星期一在公司加班的时候，遇到了一个小问题。

本来非常需要解决一下内急的问题，但是走进公司的洗手间却发现马桶上有两个清晰的脚印，这真让人恼火——就像正饿的时候，发现炒饭里有只蟑螂——本来可以舒服一下，但是立刻感觉很别扭。

怎么在办公室坐便式公共洗手间方便其实是一个挺复杂的问题。关键是人们怎么处理所面临的未知风险——这种风险我不说你也知道我指的是什么——当然，有很多公司人会选择相信身边的同事，他们像自己一样洁身自好，所以公司的坐便器在使用的时候只需要简单地擦拭就可以了。

当然还有另外一些家伙，他们选择不信任身边的同事。谁知道那些道貌岸然的家伙裤子里的景象是什么样的？他们并非坏蛋，而是一些生活更加谨慎的人。他们宁愿为了上洗手间付出更多。

这种付出很大部分集中在技巧上。可以想象，踩在马桶上方便的人蛮辛苦的，由于摩擦力比较小，人很容易从马桶上掉下来，把排泄物摔得到处都是。而且我还看过报道，由于马桶的承压能力有限，陶瓷马桶有可能在被踩踏时碎掉，导致有人上厕所时会被割伤。相比之下，比蹭一身屎更加危险的是，这些高超技巧的实践者们很可能因此危及性命。被马桶杀死肯定不是个体面的死法，我甚至怀疑在他们的葬礼上会不会有人笑出声来。

更关键的，踩在马桶上方便是一种经济学上称之为存在“外部性”的行为，也就是说，这种行为会影响到其他人，类似于污染公共湖水。整个系统由于这种行为的存在而变得更加不可信了，继而导致更多的人被迫笨拙地爬上马桶。

在一个开展正常业务的公司中，我相信通过坐便器把传染性病原传播给其他同事的人是非常少的，相对于此，踩马桶的人要多得多。这种系统人群趋势也许可以说明一个问题。解决公共马桶问题，重点不在于小概率的传染病人群（而且这个问题由于隐私等问题非常难解决），而在于那些对风险过于敏感的人群。是这些人的焦虑感把马桶变得更肮脏。

这个思路恐怕在很多系统中都普遍适用。比较明显的是一些地方因人群聚集造成的踩踏惨剧。那些公共事件中都有一些莫名其妙的诱发原因，然后人们为了规避这些原因慌乱地奔跑，最终拥挤造成了死伤事件。

真正给世界带来外部性伤害的人往往不是风险幻想中的目标，而是那些过于小心者。所以，解决那些过于小心者的问题，可能会给公共利益带来很大收益。

要降低风险高度敏感者的焦虑程度，在一个具有强权的系统中是很好解决的，比如在军队或者监狱，命令可以要求人们不许踩马桶，一旦被发现立刻枪毙！

这当然是个玩笑，在一个常态化的系统中也不可能这么做。也许我可以发明出一种供公共洗手间使用的安全的马桶架，它可以让人们安全方便地使用坐便器（实际上我真的想这么做了，只不过产品构思还没有出来）。

这个原理其实也可以推广到投资系统中去。如果管理层真的要降低某个市场的风险水平，最好的方法不该是针对那些被认为有高度风险的投资品开火，而应该放开更多的市场，让那些焦虑的投资者有更适当的市场信任，这样他们就不会在风险市场上踩马桶沿了。

投资要找你熟悉的东西么？

投资要找你熟悉的东西么？真不知道这是不是和你一无所知一样无用。

话题要从十年前说起，我去一家五星级酒店看一个阔亲戚，在酒店的洗手间上了厕所后洗手时，在镜子里看到了一张堆满雀斑并且肌肉松弛的脸，天啊，这个人是我么？在此之前有人还一直说我长得像刘烨呢——说这话的是我们一个供应商，我们足足欠了他一年半的供货款，而我是负责应付这些要账人的接口之一。不知道这个供应商这么恭维我的时候，那个表情忧郁的影帝是不是在片场连打喷嚏——我在镜子里变丑，主要原因是那个五星酒店洗手间的灯光与众不同，灯光从镜子的四面八方照过来，让照镜子的人看得更清楚，不管怎么说，那个雀斑胖子就是我。

不过这种情况没有关系，只要我多在这种镜子前照一照，我就会熟悉这种灯光，而刘烨也就回来了。我的眼睛可以忽略掉很多我不想看到的东西，而且这么做还不是我故意的。这种情况也不是我的独创，我在互联网上做了类似的调查：我在 QQ 上随机加入一些人，然后在交谈中问他们，是不是比一般的长相水平要漂亮，其中12个女性中只有一个不这么认为，而10个男性100%地认为自己比一般人要好看不少——样本中有个小问题，有三个女孩说自己很漂亮，而且我要付费的话可以跳一些很三俗的舞蹈给我看，被我斩钉截铁地拒绝了，并把她们排除在样本之外——如果我的随机样本还不算太离谱的话，他们中至少有10个人在说谎。

关于这种谎言还有更离谱的，华盛顿大学的卡罗琳·普莱斯顿和斯坦利·哈里斯在1965年对一些汽车司机做了调查，其中包括驾车技巧、反应能力等等，其中有三分之二的司机认为，自己的表现强于一般水平，还有一些司机说自己的驾驶水平出奇的好。不过，这个调查实际上是在医院进行的，被调查的司机都是在车祸后被救护车送到这里，他们中68%的人在事故中负有主要责任，56%车辆已经彻底毁坏，而且其中很多人还可能会因为酒后驾车和驾驶处理不当被送上法庭，这个数字应该能达到48%。

看来人类就是这样，对自己的评价总是有点超出实际情况，就像卡奈曼所说的："乐观和自信，是支持资本主义的主要力量之一。"

你要投资你自己吗?

让我们把话题扯回到投资。在给哥伦比亚大学MBA学生的一个讲演中，巴菲特说起过一个所谓的投资游戏，如果有一个买进自己某个同学10%的余生的权利，一直到这个人的生命结束，那么这些头脑优秀的高材生们会选谁？规则规定不能选那些有着富爸爸的同学，每个人的成功都要靠他自己的努力。依据巴菲特的猜测，这些学生下赌注的对象，会是那些具有普遍认同感，为别人着想，有领导能力，会顾及别人的利益的人，巴菲特希望用这个例子说明，人们应该投资到什么样的公司——好的公司，而且投资者对它们要熟悉。但我猜测，同学们往往选的就是他们自己，因为在他们心中自己本身就具有前边所说的那些品质。

要在自己最熟悉的范围内选择有投资价值的东西进行投资，这几乎是一条投资铁律，但是它果真能给投资者带来投资收益么？如果巴菲特的游戏在现实中可以实现，绝大多数人也会像那些学生一样，投资自身，因为恐怕没有什么东西比自己更熟悉自己，也没有什么东西比自己更“好”。不过现实是冷酷无情的，更愿意投资给自己的投资者们，从统计的角度来说，这项投资的投资人中起码有一半是失败的，因为他们的收益水平会低于所有人的平均水平，就像一个基金经理的投资输给大盘走势会被认为失败一样。也许最理性的办法是，这些人的父母在预料到投资这些“失败者”后，果断地去做人工流产——这个想法真是太邪恶了，愿上帝原谅我——但是这也不行，因为输给“人类指数”是比较出来的，总有一半人会失败，所谓理性的办法最终结果就是人类毁灭。

越熟悉的东西你越能把握住吗?

除了人们会对自己的东西过于自负，对自己熟悉的东西投资还有另一半原因，那就是对自己熟悉的而不属于自己的东西表现得非常挑剔。这种情况是我在和一些外地人闲聊他们家乡所在地的上市公司情况时发觉的，和我聊天的这些人的家乡都有很不错的上市公司，这些上市公司几乎都是各个行业最优秀的，它们的资本利润率都在所处行业中最高。

但是来自这些上市公司所在地的人却对它们的评价并不怎么样，他们很多人都会说，某某公司是个很差的公司，某某公司的效率如何很低，腐败如何严重，你为什么要对它感兴趣?

这个情况可能源于另一个问题，那就是人们对带有负面影响的事件更加敏感，比如说一般人对别人对自己做过的坏事总是比别人对自己做过的好事记得更清楚。这种特性就造成，过于接近投资标的所获得的信息会放大这些信息的负面效应，而忽略这些问题可能是在很多公司都广泛存在的。

对投资者来讲，很可能出现两种情况，越是熟悉的东西，投资者不是把它看得过好，就是把它看得过差从而觉得风险太大而不敢投资，所以综合来讲，不论是投资者熟悉的还是不熟悉的，投资收益可能都差不多。

投资自己熟悉的东西，这个投资命题如果是根本不可能实现的，那么投资中对价值的分析研究很可能就是一门伪科学，那么所有从事价值投资研究的人都应该赶快挖个大坑，把关于介绍人类如何当主管的书和硬盘都烧毁后再埋掉，就像芒格说的：我要是知道自己死在什么地方，我就根本不会去那儿。

这里有一个有趣的数据足以说明人类的自负。

81% 的美国企业家认为，自己的企业成功率将超过 70%，但是只有三分之一的人认为同行业的其他企业成功概率超过 70%。

74% 的投资者认为，自己所选择的基金会在下一年战胜这个基金所在的指数，而事实情况是，战胜指数的基金平均来说只有三分之一。

58% 的管理者认为，自己公司的并购行为会有利于公司的发展；而谈到别人的企业的并购行为，这些管理者认为那些不理性的并购成功的概率是 21%。

64% 的美国人相信，自己比别人更有可能上天堂。

低阀值动物的投资

分散投资的意义不在于市场，而在于投资者本身。

手机里社交应用的一个作用是，一些很少联系的朋友会因为这种“高科技”重新聚在一起。虽然这种聚会让人想起的不见得都是愉快的事。

我的初中群就是这样。我初中时暗恋的女孩，我觉得她对我影响很大，但是是负面的。

我刚上初中时还不会骑自行车，而我忽然要求父母给我买一辆自行车的目的就是，学会骑车后，可以有机会让我暗恋的那个女孩坐在我自行车的后座上，运气好的话，她还会用手扶着我的腰。经过一个星期的学习，机会终于来了。春游那天，那个女孩真的提出让我骑车带她一下。但是事情的结果却非常糟，她刚上来，我就失去了重心，我和自行车都摔倒在了路边的排水沟里。虽然沟里没有脏水，但是我看到所有的人，同学还有那个女孩都乐得直不起腰来……

从此，我对自行车就有了一种莫名的恐惧感，甚至我把自己性格上的其他一些弱点也归咎于这次“排水沟”事件。

那次经历如此令我惨痛，以至于这么多年之后我才有勇气来分析它。假如那次掉进排水沟令我难堪的程度是5，那么以难堪程度为1的形式摔5次，会让我厌恶自行车并且怨恨那个女孩么？我觉得可能性不大。也就是可以推定，我在难堪这方面，在程度1到5之间存在一个阀值，超过这个值，我的行为就会很大程度地因其而改变。在达到阀值之前，难堪程度和我的行为之间的关系是呈线性变化的，在达到阀值之后，难堪程度对我的影响则趋近于无穷大。

很多人会因为一次特别惨痛或愉悦的经历而改变行为模式，相对于其他物种来说，人类是一种低阀值动物。

很多投资者在证券公司开新的账户或者在金融机构买新的投资理财产品的时候，那些专业人士会煞有介事地拿出一些风险测试的题目来测定投资者的风险承受能力。这些测试完全是走过场，一些低水平的问卷甚至问：“你能承受多大的风险？”简直是废话，要是投资者自己能这么清晰地描述这么难以界定的数字还要专业测试干吗？

即使是相对严谨的金融公司，它们的测试也存在前边所提到的纰漏——这些金融公司把人当成了线性动物，而不是低阀值动物。当投资品波动程度达到投资者承受阀值时，他们会作出非常没有理性的行为，而这个阀值也是在变化的。真实阀值的测量其实非常困难，即使在做真实交易前让投资者进行模拟交易也不行，因为亏损自己的钱和假装亏钱之间差别太大了。

对于风险相对较高的投资来说（比如股票市场），投资品的价格波动超过阀值造成的伤害主要在于，它会让投资者因为某次失败的交易而在未来放弃投资——这种人我就认识好几个。

原教旨的投资学很强调投资的分散性，比如在一个比较大的市场里，一个投资者投资 40 多只股票就可以基本分散掉这个市场的非系统性风险。具体到在某个市场到底投资什么，学院派们 α、β 用了一大堆。实际上，还不如就买指数基金算了。

对于一般的公司人投资者来说，靠投资的多样化防范非系统风险的意义其实远小于防御自身阀值的意义。

公司人进行股票投资，如果他是一个线性动物，他投资一家优秀而且比较成熟的公司的长期平均投资收益，要好于他投资多家公司的股票（比如指数基金）。但作为一个低阀值动物，更大的概率是，投资者持有那家优秀公司的股票的时间还不足以对投资收益进行平均的时候，就因为诡异的市场波动而放弃了投资，或者像很多保守分子那样开始咒骂整个市场了。

在大多数时候，分散投资的意义不在于市场，而在于投资者本身。

为什么“不该花的一个子也不花”是不对的？

钱都是一样的，不管它放在哪。

在“五一”假期期间我和我太太在一个美丽的南方城市旅游。那个城市很棒，但是花开得有点太过分，这引起了我太太的过敏症。晚上十一点，在酒店房间，太太因为要服下两片过敏药而需要一瓶矿泉水。但是此时外边在下雨，最近的小店离酒店有十几分钟的步行距离。怎么办呢，我们只好咬咬牙，动用了酒店提供的一瓶矿泉水。这是家四星级酒店，一瓶矿泉水的价格是 20 块。这个价格令人印象深刻，所以太太在睡觉前嘱咐了我三遍明天早晨一定要去便利店买一瓶同样品牌的给酒店补上。

但是，第二天早晨我因为去买咖啡，把买矿泉水这事给忘了。天啊，之后遭到的数落简直是一场灾难。

之后，我们要坐火车去另外一个城市。我订错了票，需要退掉票然后重新订，我们需要支付大概 30 块的退票费用。我太太的评价是：“啊，还好还好，只是 30 块。”

她为了 20 块生很大的气，而对 30 块的损失却无动于衷。我想也不只我太太，大概很多人都会这样——对各种用途的钱心态迥异。行为学把这种现象称作心理账户。人们把不同用途的钱记录在不同的心理账户里，在不同账户中的钱价值也不一样。比如，在我太太心里，酒店矿泉水的钱要比高铁退票费价值要低（换句话说就是不值），所以她对此也做出了不同反应。

我想这跟人们的习惯有一定关系。这个习惯就是像很多民间理财专家所说的：该花的不能少，但不该花的咱们一个子也不花。“该花的”钱在人们的心理账户中就处于不敏感区，钱的价值相对较高；而记在“不该花的”心理账户里的钱价值相对较低。

举个简单的例子，姑娘们买一只包花个大几千非常坦然，但是用这笔钱去买一辆自行车就要前思后想。或者，买一支口红要个几百块没问题，但是家里的洗碗布价钱超过 50 块，似乎就不可忍受。这些行为的最终指向，是你如何衡量自己的收益。最近有个流行的消费计算方式，是不看总价，而是看每次使用的成本（cost per use），如果一个很贵的产品让你每天用得无比开心，会比买回家用了一次就束之高阁的便宜货更有价值。

钱都是一样的，不管它装在你哪个口袋里，或者是哪个心理账户上。“该花的不能少，但不该花的咱们一个子也不花”是种非理性的行为。对于心理账户人们应该采取一种动态的管理方式。或者你更改定义“什么是该不该花”，消费行为最终给你带来的价值到底是什么，再来判断钱花得值不值。

第二章

理财最重要的当然不是钱

>>>>>>>>

你的花钱不敏感区有多大

实际上，钱都是一样的，不管它们是不是在不敏感区。如果你觉得自己的花费总是超过预算，那就有必要检查一下自己的不敏感区是不是划得过大，或者在这个区域内你都干了什么。

你正在懊悔吗？为了在那个人造节里花得过多，而其中很多钱又花得对你的生活毫无正面意义？

的确，你可能需要调整，比如你的花钱观（并不是消费观）。就像我们以前说过的，人们会将自己所掌握的财富，特别是现金，记录在不同的心理账户上。由于所记录的账户不同，对这些钱的态度也不同。人们对有些项目的花费非常不敏感。下面就是我总结的，人们花钱的不敏感区。

在不敏感区的，首先是“意外所得”。如果有一部分钱被认为是意外所得，那么占有这笔钱的人花起它来会非常痛快。最常见的，如果你打麻将赢了一笔钱，那最先被花掉的很可能就是它。对大多数人来说，这个账户下记录的项目恐怕还有彩票以及别人白送给你的钱。这里说的别人白送给你的钱指的是你男朋友（如果你是未婚女性的话）、你父母给你的钱。这里还有一句要提醒年轻父母，不要给自己的孩子以太多金钱奖励，这会让小孩误以为那些钱是自己的意外所得。他们会不珍惜那些钱，也会不珍惜你的赠与所赋予的爱。

有的人投资成绩很差，一个很重要的原因是，他们设计心理账户时把股票和基金收益算作意外所得，所以根本不珍惜这些钱，也不会把它们作为继续投资的本金从而获得投资复利，而是选择把那些钱即时花掉。有的人只认为自己的劳动所得不是意外收获。

在心理支出账户上，人们对仪式类的花费更不敏感。这类花费比如婚礼、葬礼或者外出旅游购买的纪念品。实际上，大多数人对葬礼的花费比对婚礼还要麻木——我的意思不是让人们如何谨慎地购买更加简陋的骨灰盒，只是说这种现象而已。毕竟人们除了麻木一点，也没有什么好的方式寄托哀思。

关于旅游纪念品，人们 90% 的钱都如同扔到马桶里然后按下冲水手柄。其实，绝大多数纪念品在北京的潘家园或者淘宝店都可以买到。那些纪念品集散地，北京的南锣鼓巷、南京的夫子庙、上海的田子坊、苏州的观前街，甚至曼谷的乍都乍，只是名字不一样而已。购买它们的人却宁愿假装不知道——我怀疑有的人甚至患有“旅游纪念品强迫症”，而这些纪念品拿回家后就永远深埋在一大堆没用的家伙什里。另外，人们对所谓“打折”的东西不敏感。对，这也是在“双 11”这个日子很多人超买的原因。便宜的东西容易让人忽略其总价而关注它的单价。特别是这种便宜被赋予一个时限之后（例如只有“双 11”当天），就更容易让人失去理智。如果你是一个把别人替你还的信用卡账单消费当做意外所得的人，那么在“双 11”这天，就是两种不敏感情况的叠加。

最后一种是，一笔大花费的连带花费，比如，买房子所要支付的房屋中介的费用，购买或者卖出股票所要支付的税和给交易商的费用。由于前边的花费太大，所以，只占 0.1% 的费用似乎并不起眼。但不要忘了，这笔费用是相对于成百上千万元的花费而言的，其实你往往为此花费不少。

假设一个热衷交易的投资者一个月的股票交易次数为 10 次，交易额为 50 万元，即使这个交易者选择的券商收费很低，例如只有 0.1%，一个月一买一卖 10 次，那他也要花 1 万元。即便在北京、上海这种超级城市，每个月可支配收入超过 1 万元的人应该也不占多数吧。这种花费是投资者应该尽量避免高频交易的原因之一。何况这种高频交易根本就不能给投资者带来什么额外收益。

实际上，钱都是一样的，不管它们是不是在不敏感区。如果你觉得自己的花费总是超过预算，那就有必要检查一下自己的不敏感区是不是划得过大，或者在这个区域内你都干了什么。

要提升自己需要反馈系统

在整个世界中，你需要表扬、闹钟，还有一个凯恩斯主义的妻子。

我很喜欢打台球，经常和固定的几个家伙切磋，但台球技艺十几年如一日，进步很小。如果我想要迅速地提高我的台球水平该怎么办？说得更科学一点，我该怎么提高我的系统中有关台球那部分的效率？

也许你会出主意让我更频繁地去打台球。这显然不是个好建议。这就像告诉流水线上的计件工人只要无限制地提高自己工作的速度就能成为亿万富翁一样不可取。这是因为打台球的频率很容易就会达到饱和，另外不断重复低水准操作也很难说有什么好处。

我觉得问题出在反馈系统上。我敢肯定数码相机很大地促进了普通人的摄影水平，它能最快地把人们对摄影作品的评价反映给作者，能力从而迅速提高。但世界上可能还没有这种台球机器，我打完一球它就告诉我打得怎么样，我应该怎么矫正自己。而高水平的私人教练又太贵了。

其实如果我和我的同伴每次击球后都停下来，认真总结球的走位和线路，这种反馈也会让我们更快地获得提高。但那样的话，打台球的乐趣就明显降低了，如果台球必须那么打，我们可能还没有等到技艺提高就对台球这种玩具失去了兴趣。

人就是这么复杂，既要乐趣又想要效率。这种二者兼得的状态最大的问题在于如何反馈。

丹尼尔·卡尼曼曾经对正反馈（以鼓励倾向为主）和逆反馈（以否定倾向为主）的效果做过探究。一般来说，对于人的技艺技能之类的非随机行为，正向反馈的效用要比逆向反馈的效用好得多。而且，卡尼曼通过试验还戳破了逆反馈，也就是很多人认为的批评比表扬更有效的误判。

卡尼曼有一次给美国太平洋舰队的军官们讲授行为学对军队管理的作用。一个航空兵教官对卡尼曼的正反馈理论提出了异议。这个教练的经验是，一个航母飞行学员做了一次非常糟糕的飞行，如果受到教练的责骂，他下一次飞行就会好很多，而做了一次很出色的飞行，教官因此表扬他，那么下一次这个学员的表现通常要逊色很多。

卡尼曼对这个问题做了调查，结论非常有趣。他统计了飞行学员们每次飞行的表现以及和这些表现对应的反馈。他发现真实的情况是这样的：飞行员飞行偶尔会出现超级发挥或者超级失误，他们会因为超级发挥得到表扬，因为超级失误受到批评，而在其后的飞行中会恢复到平常水平。在超级发挥和超级失误后，批评和表扬对他们的影响都不大，他们只是恢复正常而已。

不过，在另一个世界，效率和人们的主观技能没有什么关系，我们可以称它为随机性的世界。在这个世界里，负反馈似乎对整个系统的效用更高。股票投资和资产配置似乎就在这个世界里。所以每个股票投资者都需要那样一个情绪闹钟，在一定的时候大声对他们说，你是不是得冷静点！由于投资这件事被认为是随机的，那个闹钟只是按时间棒喝就够了，它根本就不用懂投资。我的投资闹钟曾经是我的妈妈（她现在去世了），因为她一贯对我的投资状态很焦虑，我因此躲过了 2008 年的股灾。所以年轻的股票赌徒，保守的妈妈对你的股票持怀疑态度的时候，你不应该对她高声嚷嚷，而应该感谢她。作为投资者，如果你还没有一个投资闹钟，那么你应该找一个，在这方面我觉得父母更合适，夫妻之间很容易同化，从而把闹钟变成加速器。

消费既不是一个技能也不是随机事件，怎么看待它人们是有争论的。在宏观层面也是这样。在众多经济学派中有的认为储蓄对经济系统更有效，比如说重商主义者，就持有这种态度。另外一些人则认为增加消费对经济发展更有效，持有这种想法的经济学家更多，比如凯恩斯主义者。我的太太在这方面是个多数派。她是一个坚定的凯恩斯主义者，相信她天天看淘宝是有利于我们的家庭系统效用的。

有 200 万，该投资买房，还是留学

不论怎样，不要孤注一掷，人生远没到那个时候。

有 200 万，到底是该把它投到一个“很有希望的项目”里，还是该买一套房子，和女朋友过更安稳的日子？这是我被问到的一个真实的问题。

首先令人高兴的是，问这个问题的年轻人还不到 30 岁，而且非富非贵，他凭借自己的脑力和体力在 30 岁前就挣到了 200 万，这真的很棒。这种挣到钱的可能性足够令人欣喜。因为一个社会如果可以让一个家世平凡的家伙也能通过努力让生活状况变得体面，起码说明生活还是有希望的，而且这种例子在新经济时代似乎越来越多。

话再说回来，是投资一个项目还是买房。

如果投资的是一个项目，我觉得还是要慎重考虑下。最近的创业经历让我有了对陌生领域更多了解的机会，这是好的一面。

坏的一面是，关于那些“很有希望的项目”的真实程度非常低，

而且这种真实率还在迅速下降。如果投资的是暂时不够获得实在现金流的互联网项目，就更是如此。

人们对项目、商业模式表述的真实性很低，一方面是因为这些部分的变数真的超级大，另一方面，这些人也真的比一般人更爱说谎。不管怎么样，我觉得基于这种信息真实度，它并不适合普通人投资。把机会留给那些 VC（风险投资机构）吧。它们有机会用一些方式分散风险。

在三四年前，这种风险投资的成功率从投资次数判断大概是 3%，现在，由于流动性进一步过剩，变得更低。没具体统计过，但我怀疑这个概率要低于 2%。这也就是说，投资 50 次，可能成功 1 次。

200 万如果是这个人 30 岁以前的所有积蓄，是不是应该孤注一掷投到一个投资 50 次可能成功 1 次的赌博里？我觉得答案挺明显的。

至于房子，我觉得是生活的一个稳定剂，对家庭来说它的难以分割性在某种程度上减少了家庭或者情侣之间关系破裂的可能性。当然，在中国的超级城市，买房还有投资的意思。未来几年，中国出现较高通胀的可能性还是蛮大的。在你工作的地方有自己的房产，也是抵御租金随通胀上涨的有效方式。

当然，买房还是种风俗，在大多数情况下，你没有必要和风俗对抗，否则容易被边缘化。而这种边缘化会造成你的社会资本降低。

关于 200 万，最近还有种比较，那就是 200 万用来买房还是留学。

这个选择，其实也不复杂。如果你有 3000 万的净资产，花 200 万去留学当然是个选择。到一所很棒的美国大学学习一下，肯定能让你的社会资源变得更丰富。这无疑对提高你以后的社会资本有好处。你看很多出色的公司建立者，他们都是同学。这让我想起了我的大学，几个人在同学聚会上买自己公司的保险产品。这差距真是太大了。

但如果你只有大概 200 万资金，你还要去留学吗？当然，这是你的自由，不过从财务角度来看这并不是一个好选项。在很多时候都是，你不买某样东西不是因为这样东西不够好，而是它对于你来说太贵了。

还记得莫泊桑那部小说么，《项链》？那个故事是说一个可怜的女士丢了别人的项链，然后做了半辈子苦工去还债，还完了才得知那条项链是淘宝货。抛开虚荣不说，那部小说讲的正是一个投资太贵的社会资源可能面临的财务风险。留学也有类似之处。

留学可以说是一种增加你社会资本的投资。实际上，不论你的财务投资还是社会资本投资，它们同样有一个特性，那就是最好不要孤注一掷。你的人生远远到不了应该孤注一掷的时候。

该买黄金还是白银

看看它们的价格波动程度就能知道答案了

就像我们之前预测的一样，黄金价格在 2016 年出现了上涨。幅度大概是 25%，在市道如此清淡的情况下，这个涨幅已经很不错了。

黄金价格上涨最主要的原因是，今年是个足够糟糕的年头，天气反常，比如中国南方下那么多雨，北方又热得不得了，而踢足球的法国冷得要穿羽绒服。地缘政治足够乱，原来经济景气时可以容忍的国家之间的小摩擦现在都可能演变成战争。另外，整个市场也在各种问题的策动下更剧烈地波动，敏感而焦虑的交易者很容易变成惊弓之鸟。

最直接触发黄金上涨的事件就是最近英国公投脱离欧盟。大家没想到英国人竟然会这么做——据说连英国人自己都没想到。

这就是所谓的“黑天鹅”。大家猜到 2016 年会出黑天鹅，但是都猜不到它藏在哪个芦苇塘里。黄金价格和英国脱欧几乎清晰地呈线性相关上涨。

除了黄金，被认为能抵御风险的商品还有白银。2016 年上半年，白银价格的上涨总幅度其实已经超过了 3 成。

那么，公司人避险投资，应该投资黄金还是投资白银？那些急功近利的人往往喜欢根据两种投资品在上半年的价格变化幅度来确认投资方向。比如，白银似乎比黄金上涨更多，应该投资白银；或者，黄金涨幅较低，而白银已经涨得足够多了，应该投资黄金。这些逻辑都有问题。

投资者真正应该在意的是，黄金和白银虽然都经常以贵金属身份出现在武侠小说里，但是白银的价格波动幅度往往比同期黄金的要大，发生震动的频度也更多。这是因为黄金现在已经没有什么工业属性。虽然有的部件用金子做最合适（大规模使用），但它的价格太贵了，没有企业傻到用金子生产普通工业部件，但白银还挺广泛地在工业中使用，它除了投资还有工业大商品属性。

这种差别也给人们造成困扰，是投资那个什么用处也没有的，还是投资那个有点用的？从这个角度看很多人会选择投资后者。——但这就错了！应该选择那个什么用也没有的。

更严谨地说，投资品的投资价值，不能从它的工业用途大小来判断，而应该从它所具有的“信用”水平来判断。这里最明显的一个例子就是美元：美元任何工业价值也没有——当然，如果你在夜店想吸引中意的异性时，可以用它来点烟——但是它的价格多少年来都比较稳定。

和白银相比，黄金被人们赋予的信用程度要更高。另外，白银的工业属性不但没有帮助它，反而因为工业的周期性造成了它的价格波动剧烈。

有的偏好短期利益的投资者以为价格波动剧烈是好事。这个错误的认知是因为他们把自己想得太聪明了。就像咱们说过很多次的，投资者和未来几天甚至几小时的投资品价格猜测对赌，失败的概率是随着押注次数上升而上升的。也就是说，投资品价格波动越剧烈，买它的人输的概率就越大。这除了客观概率，还有主观概率：投资者看到自己资产价格剧烈波动，会造成其心理随之波动。当这种冲击足够大时，投资者就会干出很多非理性的事来。

对于中国内地的投资者来说，投资黄金最好的工具是什么？我认为应该是黄金的 ETF 基金。为什么这么说呢？这种投资工具和黄金挂钩最紧密，还屏蔽了很多非市场因素（这是相对于那些从事黄金开采之类的上市公司的股票来说的）。另外，黄金 ETF 基金的价格足够便宜，它几乎是所有黄金投资工具中最便宜的。

当然，最后提醒投资者一句，这很关键，黄金的价格最近很难涨到天上去，你投资黄金也要量力而为，配置比例不要过大哦。

老司机的赚钱经

关于容易赚钱和不容易赚钱的日子，你的想法很可能应该和别人相反。

首先声明一下，这个话题里说的老司机就是个老司机，和现在流行的一首洗脑歌曲并没有一点关系。现在很多流行双关语的使用真的太泛化了，这的确给文字工作者造成了一定的困扰。

说回那个老司机，我是在最近去的一个南方小城市里碰上他的。在那个气候温和的小城市里，出租车司机的收入比北京上海的要少很多，但是这些司机对他们的座驾有更强的自主权——他们只需上缴非常低的车份钱，这使得他们可以只运营很短的时间就收回这部分成本。

在这个小城市有一种现象，在周末的晚上，比如 10 点以后，想要约到一辆出租车成了件非常困难的事。这是为什么？

我花了半个小时打上车，一个 50 岁左右的老司机和我解释了为什么周末晚上车很难打。每个周五，就像中国所有的地方一样，打车的人比平时要多。这种情况造成这个小城市中的司机拉活的收益比平时要好——也就是平均到每个小时，出租车司机们赚到的钱更多，比如平时一个司机每个小时的营业额是30元，而在周末每个小时可以挣到45元。在周末，出租车司机一般工作六七个小时，就能挣到工作日10个小时才能挣到的钱。在这个小城市中，司机的生活压力不大，所以他们一般赚到一定的钱就回家了。周末的晚上，打车的人更多，同时司机反而减少了，所以打车很困难。

“但你为什么不回家？”

“我可以挣得比大家更多，而且少干活，为什么要早回家？”

因为我不是这个老司机的竞争者，而且是外地人，所以他愿意介绍一下他的赚钱思路。

第一，在周末的时候不仅不要减少自己的运营时间，正好相反，在钱比较好赚的时候应该增加运营时间。在周末，单位时间的运营收益增加，而运营时间延长，总收益会增加得更多。而且，在其他拉完当天定额而回家的司机走后，市场上的竞争者减少，而11点以后的夜班时间每公里的单价按规定会比白天高。所以，周末10点到凌晨2点前几乎可以说是拉活的黄金时间。周末的运营收入几乎可以达到一般工作日的2.5倍。

第二，除了周末，有时候一个普通的工作日会莫名其妙变成一个出租车司机的好日子，拉活显得很容易。这可能由于很多原因，但是具体原因对于一个出租车司机的运营来说并没有什么意义，你只要在这种时候，也增加你的运营时间就是了。一般这种日子，从早上出车就能感受到，而且之后可以延续一天。每个月这种莫名其妙的情况总会出现那么两三次。

第三，在工作日，你要做的和普通司机又是相反的，你应该减少运营时间。因为，你没必要把自己拖得筋疲力尽只是为了完成自己设定的愚蠢的每日运营收入计划。特别是在晚上10点以后，乘客已经很少——在那个城市夜生活并不特别丰富——而司机们还在到处抢活。在工作日，这个老司机的运营时间只是别人的60%。

如此工作一个月，这个老司机的收入比一般司机多1／3，但是运营时间总体上只是别人的80%。

这个聪明人的做法有点类似赌博中的那个规律，手风顺的时候要敢下注。但又不同，下注时有很多赌徒感到概率之神站在自己这一边其实只是幻觉，而且凭借这种幻觉感到更加自信。老司机的不同之处是，他增加“下注”靠的不是随机事件，而是凭借自己的经验识别出那些容易赚钱的日子。

从另一方面讲，很多投资者正在犯着那些一般司机的错误，以一个定额来作为自己一段时间的投资收益目标。其实，在这种时候，你要做的正好应该与此相反。

要不要把小概率事件当回事

把钱花在改善极小概率事件的结果上，不是明智之举。

先做个小测试。

如果有个方法可以让你还处在婴儿期的孩子在看护时的意外死亡率降低到原来的 1 / 7，你愿意为这个方法出多少钱？我身边刚生孩子不久的女士普遍给了很高的价钱。其中最夸张的是，“如果这是真的，我们可以倾家荡产！”

这个测试的结果足够咱们说上四五回的。首先，女性在生育结束后不久，她们的行为被雌性激素笼罩着，激素涉及范围的事物行为价值都会重新解构；第二，问题的开始提到了“死亡率”，这个负面词让人惊慌，人们在惊慌的状态下会忽略做事的成本；第三，很多恶毒的营销大概都是这样的，先用你最关心的点的负面可能性刺激你，然后再卖给你一堆毫无价值的破烂。

把婴儿的意外死亡率降低到原来状态的 1 / 7 并不是什么了不起的事——纽约州立大学社会系做过一项调查，在纽约，幼儿园看护的婴儿的意外死亡率就是在家请保姆看护的1 / 7。造成这种差距的原因是，被褥堵塞口鼻导致的窒息。这似乎可以体现出幼儿园看护人员更具专业性。

但，你会因此决定，一定要把孩子送到幼儿园吗？看看后边的数据再说吧。

在纽约，婴儿意外死亡事故是极小概率事件。由幼儿园看护的婴儿的意外死亡概率是2.3 / 1000000，即使是那些由保姆看护的“更易死亡”的婴儿的意外死亡概率也只是16 / 1000000。无论在哪儿，婴儿在看护期间意外死亡都是极小概率事件。极小概率事件是什么？就是你越想把这种概率继续降低，却越会做糟的事。

还拿前边这个例子来说，全纽约的父母如果都把婴儿送到幼儿园，那他们将承受比看护期间婴儿意外死亡概率严重得多的极小概率事件——交通事故造成纽约婴儿意外死亡——这个概率是被保姆看护婴儿意外死亡的7倍。

再提到咱们一开始做的那个试验，妈妈们都忽略了婴儿意外死亡是极小概率事件，而希望不惜成本地补救。这无疑会把事做到错误的方向上去。而造成妈妈们错误认识的原因在哪儿？

我怀疑这是因为人们对极小概率事件的不熟悉而造成的认知偏差。

从概率上区分，人们要做的事可以分为四种：全概率事件、大概率事件、小概率事件和极小概率事件。你可以这么理解人类历史，大家用尽办法把对自己有利的事概率变大，而对自己不利的事概率变小。然而在极大部分时间里，人们只能认识到概率事件的前三种。由于没有计算机和互联网，大家之前都认为极小概率事件是不存在的。近几十年，人们才意识到，小数点后边10位还有一个奇妙的世界。但是，作为普通人，他们的内在基因还是无法理解极小概率事件，比如没人能听到自己小孩正处在意外死亡的相对大概率笼罩下而无动于衷地以处理小概率事件的方式来处理极小概率事件。

另外，我们人类想干的事太多了，以至于将很多小概率事件和极小概率事件混在了一起，让人根本分不清。比如，有个疯狂的科学家，他发明了一个风调雨顺机，能让全球粮食增产 10%。但是，这个机器有 1 / 1000000 爆炸的概率，如果它爆炸，人类会灭亡。这个爆炸概率在一般事件中是个极小概率事件，但是放在人类灭亡的问题上，1 / 1000000 成了小概率，这个风调雨顺机根本不能立项。

其实在日常生活中，极小概率看起来也相当大。最近的例子就是一般媒体的校对结果，如果错误率能降到 1 / 20000 就已经很棒了。

在这个复杂的世界，人们要识别到极小概率事件，并且不把钱花在努力改善它上边是件不太容易的事。

越贵的东西越好吗？

在随机性旺盛的金融市场里，贵的服务在很多时候都是没意义的。这就像，去再豪华的赌场也不能增加你赢钱的概率。

真实的世界总是比书本上教的要复杂很多，比如金融课本上告诉你市场是足够有效的，而且亚当·斯密所说的看不见的手也无处不在。但是真实世界中既有卖香烟的公司又有卖戒烟糖的公司，而且它们的生意都不错。在一些市场上，贵的东西反而更差，但是还有很多人会心甘情愿地去买贵且糟糕的东西，这大概也是市场不那么有效的证据。

越贵越差的东西首先是飞机。顶级的私人飞机贵、麻烦而且不安全，很多亿万富翁都葬身于自己的私人飞机。但之后还是有顶级富豪以拥有自己的私人飞机为傲。只有最理性的查理·芒格对富翁的这种欲念嗤之以鼻，以至于他表示在巴菲特去世后会把这个伙伴的私人飞机“不妥协”号卖掉，以增加伯克希尔－哈撒韦公司的现金流。

另外就是一些品牌的手机，比如我最难理解的威图（Vertu）

手机。这种手机即昂贵又不实用，以至于我还给它们编了个笑话——营业员："先生，你很有眼光。喏，这是这款手机的服务电话。"顾客："服务真不错。嗯，服务电话下边这个号码是什么？"营业员："这是个很不错的心理医生的号码，从我们这儿买手机的客户很可能用得上。"

当然，又贵又差的产品和服务，还是以资本金融圈最多。公司人投资者接触最多的公募基金产品就属于这个阵营。

指数基金产品从平均收益看要好过那些有强力基金经理的主动型股票基金。特别是在牛市中，指数基金的成绩要明显好于基金的平均成绩。更关键的是，这种指数基金的收费比主动型基金要便宜。但很多投资者还是更愿意找一位可以寄托的基金经理。

把价格提高一个层次，私募基金会比公募基金更好吗？你看一下最近爆出的某个之前由公募基金掌管的私募基金和其客户网上开撕的事，就会知道私募基金到底给它的投资者带来的性价比是高还是低了——那只著名的私募基金从 2015 年 4 月到 2016 年 4 月的收益率是 -51%。这就是说哪个倒霉蛋要是买了这只基金，一年间一大半的钱就没了；同时期上证指数下跌了 28% 左右，恒生指数下跌了 23% 左右，道琼斯指数只下跌了大约 2%——真的不知道这只私募基金的经理把钱投到哪里去了，以至于赔钱的效率会这么高。

很多曾经在公募基金有出色投资成绩的基金经理投奔到私募基金的阵营后表现让人大跌眼镜。这是为什么呢？如果你了解一下私募基金和公募基金的差别就会了解这种反差出现的原因。

第一个因素是公募基金的管理相当严格，它们对投资范围、投资品的风险水平都有一定的衡量标准。更有一些管理细节，比如，公募基金投资某家上市公司，其持股份额不能超过这家上市公司股份的10%；而持有某家上市公司的股份也不能超过基金投资总额的10%。而私募基金的标准就松得多，实际上几乎是没有要求。在公募基金取得好成绩的基金经理有两类，一类是由于投资水准比较高而取得好成绩的；另一类更多依赖于随机性——随机性是种文雅的说法，其实也就是瞎蒙的。所以在公募基金成绩很好的基金经理在私募基金表现却糟糕的原因是他们很难复制自己的好运气。

另外，有的私募基金成绩很差，原因还在于它们的收益分配制度。除了管理费，私募基金如果能获得超过市场的收益，私募基金管理团队会得到20%的收益提成。这足以促使私募基金管理团队去冒险。因为冒险赢了有可能一下子就让自己获得财务自由；输了，反正那也不是ta的钱。看，在随机性旺盛的金融市场里，贵的服务在很多时候都是没意义的。这就像，去再豪华的赌场也不能增加你赢钱的概率。

为什么未来总比预期的要好一点

这里有数学问题，但更重要的是人性。

无论看新闻推送还是批阅微信朋友圈，你都会发现，人们对未来的预期悲观的多于乐观的。比如，30 年后，日本海会成为死海；20 年后，中国老龄化程度会使 ××× 人无钱养老；长此以往，中国新闻将空心化……不过这种现象已经有很长时间了：1980 年代，人们说，如果中国和印度富裕起来，人类经济体系将崩溃；而 1960 年代，美国的财经杂志就说过，人类迎来人口爆炸会让全球陷入战争和混乱，并且技术水平似乎发展到头了。

事实上，中国和印度更富裕只是减少了大比例的贫困人口。全球人口虽然暴增，但是我们的生活比 50 年前方便舒适了很多，而且技术水平比 50 年前强了不知道多少倍。

要知道这类趋势预期大部分并不是经济学家们顺嘴胡说的，那么，为什么人们看似理性的预期总是过于悲观，生活实际上并没有变得像推算的那么糟糕？

原因之一是一个数学问题，叫“线性回归过渡”——一些经济学家的数学基础不怎么样；或者他们为了让自己的预言更加危言耸听故意混淆概念，让那些数学更不好的人产生误读。

这个绕嘴的数学问题到底是什么意思？简单地解释一下：几个变量在一个阶段可能存在一种近似于线性的关系，而在另一个阶段则逃离了线性关系，但是笨笨的分析者把原先那种局域的线性关系推演到了这种关系中，很多奇怪的结论就出现了，

你可能还不太清楚我说了什么。再举个例子。2008 年美国的《肥胖》杂志曾经刊登过一篇文章，它预计到 2048 年，全体美国人都会成为体重超标的胖子。

这个结论是怎么得出来的呢？作者统计了从 1960 年代到 2008 年美国胖子的增长速度，大概是每 10 年涨 6%，当时美国已经有 3 / 4 的人口是胖子，接下来的计算就很简单了：6% × 4=24%。所以，再过 40 年，美国人几乎都是胖子。

但这个结论明显有问题，美国人中的瘦子去哪儿了？模特这个行业难道会发生翻天覆地的变化吗？更不可思议的是，如果结论成立，到 2058 年，美国的肥胖率会达到 106%，那 6% 的美国人在哪儿？

这种简单而且愚蠢的推演类似于我高中时做的应用题得出的答案——从某个容器里放水，过了一段时间这个容器里还剩多少质量的水，某个人得出的答案是 -10 克。得出这样的结论，演算者应该检查自己的草稿纸，而不是拿着结论到处吓唬人。

另一个不必那么悲观的原因是，人类总会根据外部环境的改变调整自己的行为，并且人类具有很强的适应性。这是改变简单线性关系的最根本原因。

我还是喜欢那个曾经说过的例子：足球协会的某位官员看到国

内联赛时间一过 80 分钟，比分领先一方的队员就开始无缘无故地倒地，他们会尽量拖延比赛时间，以增加本方获胜的概率。这无疑影响了比赛的观赏性，而且有碍公平竞争。所以，那位聪明的足协官员开始整顿赛场。他的做法是，把比赛时间控制到 80 分钟就结束，这样，那些队员就没有时间来拖延比赛了。

比赛时间调整了，足协官员等着在下一轮比赛中看到更精彩的比赛，并且接受球迷对改革的赞誉。但事情根本就不是那么回事，那些狡猾的球员竟然在比赛的第 70 分钟就开始假装倒地。人类就是这么为了自身利益来对抗外界的。

问题似乎还没结束，有了前边所说的两个原因，为什么还是很少看到过度乐观的预期？这和人们的敏感区有关，受众对损失更敏感，所以对悲观的预期更关心。你看历史故事中的智者预言家都是靠预期坏事出名的，很少有乐观主义者。

投资和理财的差别可大了!

投资是个枯燥的统一世界，而理财是个有趣的平行世界，那才是普通人大有可为的。

我的一个非常远的亲戚，在过节的时候向我咨询某种非常特殊的投资。这种投资我虽然不了解细节，但大概知道是风险不小而且收益不高的那类。

我的负面建议并没有影响这个女士的投资热情。她告诉我她一直做这种投资，不是因为这个收益高而是她喜欢，她喜欢就足够了。

不止一个投资者和我这么说过，而且这么说的基本都是女性。我曾经对这些无视理性的人感到非常惊讶，或许她们这么说是为了掩饰自己错误的投资决策？但后来我发现事实似乎是，她们混淆了投资和理财之间的差别。

投资是可以用唯一的标准来衡量的一个领域，这个标准就是在相当长的一个衡量周期中的平均风险下，获得的收益水平。在这些限制条件下，高收益水平的投资对投资者来说就是好的，没有人喜欢低水平的投资，即使这个人再有个性也不会（因为如果这个投资者钱多到一定程度就会感到恶心，他完全可以把多出来的钱捐给慈善事业）。

投资是如此理性，也涉及不到喜好的问题，以至于普通人根本没必要去做这件事，它更应该交给专业的投资机构。说得更过分一点，大部分风险水平的投资都应该做指数投资，所以即使专业机构做这种投资也根本没必要让“人”去做。在一般情况下，把投资程序交给机器，再保障机器别被人踩掉电源就可以了。

所以如果某个指数类投资公司向你吹嘘他们的团队如何出色并要求你为此多付钱，你可以转身就走。这是因为，就像彼得·林奇说的，你完全没必要请马友友来为你打开收音机。恐怕只有最难最复杂的投资才会用到人的智慧和模糊性。在这种情况下巴菲特才有价值。

那么投资者能为自己的财务生活做点什么？也许在理财生活中，普通人的智慧会更有可为。在这个领域里，充满了人性以及人性的偏好，复杂的文化和局域性问题。

迈克尔·R·所罗门（Michael R. Solomon）是美国圣约瑟夫大学行为学教授，在为关于消费和投资的行为寻找案例的过程中，他去了墨西哥。在一座墨西哥的山区小城，所罗门遇到一位当地的牧羊人。这个牧羊人属于镇上相当不富裕的阶层，他没有一座还过得去的房子，也没有老婆，但是却穿着相当体面的休闲西装。

所罗门的团队对牧羊人的生活状态感到很惊讶，他们问他为什么不把钱先用来修补房子或者让自己吃得好一点。牧羊人对行为学家的问题同样惊讶，“如果那样（像所罗门他们所设想的那样生活），镇上人会看不起我的。”

对于这个牧羊人来说，他的房子只需要个干燥背风的地方就可以了，食品也只需要填饱肚子，但是他不愿因失去体面的穿着而失去镇上人对他正面评价而获得的社会资本。根据詹姆斯·科尔曼的理论，一个人所拥有的资本包括财务资本、人力资本（一个人所具有的有价值技能）和社会资本,在一定情况下几种资本可以互相转化。

也许根据来自纽约或者北京的人们的标准，一个人更应该先吃好，然后找一所还不错的房子。在那些大城市这才是保障财务资本升值和人力资本具有高积累率的做法。而那个牧羊人，他的生活很难再有阶层变化，很多生活中的问题都要靠镇上人看得起他认同他才能得到解决。所以几套西装也许才是他最重要的资产配置。牧羊人其实也是理性的。

投资是个枯燥的统一世界，而理财是个有趣的平行世界，那才是普通人大有可为的。投资和理财是两回事，它们的差别可大了。

为什么金融产品都差不多

现在的情况下挑选金融产品，水果贩子的逻辑还是那么适用——捡大个儿的挑。

最近一件令人欣喜的事是，在南方某个二级城市参加一个投资论坛时，竟然在会下被几个观众认出来，并要求合影签名。这总体上当然归功于《第一财经周刊》的影响力无所不及，而被人认出的这种虚荣感也足以让人虎躯一震，重新对自己的未来充满希望。

不过接下来的问题也足够令人尴尬，一位女士掏出一大叠投资理财产品的宣传册，问我其中哪个更值得投资。要命，我一个都没听说过。

现在这些投资理财产品真的太多了，但是想从同类产品中挑出一个最好的，则是件非常困难的事。这是因为这些东西在任何地方都差不多，最终要点回到了最原始的问题——他们没有骗你吧。所以选择这些产品的思路最终可能和选水果的思路差不多，那就是，捡大个儿的挑（一般来说巨型公司运营时间更长，说谎概率会更小一点）。而我如果真的向那个读者表述了这种没有技术含量的基本原理的话，她可能就不让我签名了。

金融产品相互之间非常像，这种现象存在很长时间了，在互联网金融出现后这种相像并没有什么太大的变化，只不过说谎的人更多了。大家的差别在于是否说谎而不在于产品结构。

至于为什么会这样，借助两位经济学大师的说法可以得出解释。

首先是哈罗德·霍特林，在他的可耗竭资源经济学里，他对垄断竞争模型的均衡状态做了一个很好的比喻。假设一段长一公里的海滩，来海滩散步的人均匀分布在这里，大家只会到离自己最近的地方去买东西，有两家热狗店的老板，那么他们该怎么选择自己开店的地址？

如果你是上帝或者当地的发改委，就会聪明地把两家店安排在这段海滩的 0.25 公里和 0.75 公里处。因为这两个点可以让两家店的客户一样多，又可以让海滩上的人最长只走 250 米就可以享受到热狗。

但是，不凑巧，在自由市场上竞争者可以随便选择对自己有利的位置。假如 A 店长选择在 0.25 公里处开店，B 店只要开在它稍微靠右一点（假设这段一公里长的海滩是横在你面前的一条直线），根据顾客只到最近的地方买热狗的原则，B 店就可以获得 A 店 3 倍的客户。所以，为了不让对方在竞争中获得优势地位，两家店主都会选择在海滩的中央位置开店，也就是正好在 0.5 公里处。

这个模型被称为“霍林特模型”，它大概可以解释很多产品同质化以及市场上少数几个竞争者策略类似的现象。比如，可口可乐和百事可乐虽然在每年的市场占有率上会互有胜负，但它们的整体策略基本一样。麦当劳和肯德基、星巴克和 Costa 也是，它们总是选择在基本一样的地址开店，以至于很多人弄混了它们。

如果把选址问题类同于金融机构在同一市场中如何配置自己的金融资产，后来的竞争者完全可以做出与先来者的差别，比如第三个竞争者如果把店址设在 0.5 公里处，稍微往左或者右移动一点，那么原先的均衡将被打破。但是，在金融市场上，后来的竞争者很少有改变选址的做法，它们照样会把店开在 0.5 公里处。

肯尼斯·阿尔布雷斯把这种新来的竞争者不肯打破均衡状态的现象称作“贫困均衡”。产生的原因是，在一个市场中，参与者们都不愿意冒险做出新的尝试，而是照先行者路径做类似的事。金融机构在产品策略上一般不愿意冒险，这除了金融业的杠杆会把风险放大，还有投资市场的巨大随机性，即使是投资大师也很难准确地判断市场。

有些时候，金融市场的参与者会想办法打破贫困均衡，这些方法一般是把风险的成本降低。这些尝试有时候会成功，但失败的时候会更多。

怎么找到安全的高收益理财

总的来说，安全又高收益的理财品将会慢慢消失。

如果你只是因为外貌而喜欢一个女孩，这大概说明你还不够成熟。而且据说，只凭外貌喜欢别人的人也更倾向于近期享受而拒绝推迟享受。比如他们爱吃巧克力，就会把从超市采购来的巧克力一次吃光，而不是分成 4 次或者 5 次享用。更简单的评价是，这种人更蠢。

在选择理财产品时，只看标出来的收益率的投资者大概也属于这种情况。所以，如果哪个公司在宣传自己公司的投资理财产品的时候，老是在强调它们的收益率有多高，那就是在推动大家变蠢。

高收益的理财产品可以分成几类。其中有一部分是比较好的，具有高收益低风险的特性。相对于那些“垃圾”理财产品，它们就像火车上提供的海鲜炒饭中的海鲜——很少，但是仔细翻找还是有的。

这种理财产品之所以存在，是因为很多超级投资机构的产品资产端和销售端的衔接存在问题——这些大机构的反应比较慢，资产端的内容已经变化了，但是这种变化没有完全传导到销售端去，销售端人员为了保持住原来的客户规模宁愿少赚一点。你知道吗，规模这个指标对于一个投资机构的管理者来说特别重要。规模标志着他们的工作是否成功，即使用钱来换规模他们也在所不惜。所以为了保证规模，他们有廉价销售自己的可能。

另外，一个很牛的销售平台对于理财产品来说也意义非凡。在某些情况下，这种意义会大于理财产品本身。

按理说，理财产品是不是存在问题，最重要的应该看这个理财产品到底投资了什么。而它所具有的风险要由投资者承担。但是，在当下的中国市场里，大的理财产品销售平台——比如大型商业银行——对其贩卖的理财产品有连带的保护责任。这也就是很多人说的“刚性兑付”。这个意思就是说，如果这些大平台卖的理财产品在支付时出现了问题，这些大型商业银行要包赔投资者的收益和本金。这种刚性兑付对于整个市场来说，造成了风险和收益的不匹配，降低了市场效率，不是件好事。但是对当前的投资者来说却有便宜可赚。

在现有的收益较高的投资理财产品里，投资者最好选择那些大平台销售的——除了大型商业银行，还有那些现金流丰厚的大型公司。它们就像银行一样，受商业信誉之累，跑不了。

如果把范围再打开一点，有很好现金流的公司发行的公司债也是相对的收益高且风险不高的投资标的。至于其有没有担保倒不是最重要的问题。

不过在高收益的投资品种里，有一类是个可恶的另类。它们被摆在销售平台上，但基本已经售罄。有的产品从开始销售到卖光也就个把小时。投资者想买到它们比“双 11”秒杀还困难。这是怎么回事?

这种高收益产品严格来说并不是投资品，它们大多是投资销售平台贴钱做的广告，虽然既安全收益又高，但一般人是很难抢到的。所以，大家可以不用把它放入考虑范围。

更多的收益很高的理财产品，可以放在不靠谱之列。

最近我出差去了南方的一个三线城市。在那里，湿漉漉的石板路两旁的小卖部竖着牌子表明自己贩卖、回收烟酒，小卖部旁边的财富公司可以提供无抵押贷款以及理财产品，收益都超过 12%。这个收益率远远高于同期的长期国债。但它没有刚性兑付保护，投资者想知道那些投资品到底投了什么也基本不可能。

随着中国经济增速的下滑，真正安全的高收益理财产品会慢慢消失。投资的风险和收益将逐渐变得更加匹配。而这也是我们一直在说的股市将维持在一个不错状态的原因。

年终奖如何“不”理财

你在考虑年终奖该如何理财吗？还不如告诉你年终奖不要如何理财。

年终奖理财是个公司人投资者每年都会关注但都不会照攻略去做的话题。之所以会这样，原因主要是：即使你挖空心思去找合适的理财产品，最后又找到了年终奖投资的“圣杯”，结果却和只是懒洋洋地把那点年终奖放在活期账户上没什么差别。比如，你比那些粗枝大叶的同事多赚了50元。但你为此多想了一个小时，而根据你的工资水平计算，你的时薪是80元。有时候，你都分不清这么做值不值。

但是，你的年终奖到底该怎么处理可能还真是个问题，因为任何一个人的财富“流动性”骤然增加都会对其造成一些困扰，即使是整个社会系统也是这样。这也就是为什么即使大家都预料到有关年终奖的理财解决方案大部分是废话，还是会去看的原因。人生就是这么矛盾。

很多针对投资者看似专业的建议，其实早就沦为投资机构的产品公关稿，它们提到的很多年终奖理财方案不但不能帮助投资者提高财富水平，反而会引发或者增加人们的财务风险。

这些三流建议最多的类型就是，它们看到现在什么投资品行情相对好就推荐这种投资品的相关产品，而根本不管那可能是市场很短期的波动，或者是投资回报很难预测、风险很大的那些产品。这种事包括，2012 年推荐给投资者与黄金挂钩的投资品，2007 年推荐的与石油挂钩的投资品。如果谁一时心动，用年终奖在那时候买了这类东西，可能现在还处在亏损的深渊里。

事情的真相恐怕是令人失望的，年终奖投资没有圣杯存在。事情很显然，不可能有能获得非常特殊受益的投资在年底为了人们的年终奖出现。不止是年终奖，你发奖金的任何时间在一年中都是普通时间。如果说真有什么年终奖投资秘诀，也应该是一些告诫。比如，过年的时候不要被骗子骗到。

基于这种情况，虽然春节已经过了，还是在下边给公司人投资者一些建议，也许在你获得其他奖金时也能用得上：

01　别因为获得了一笔数目还说得过去的现金就改变自己的投资风险承受水平。一般来说，获得一笔比日常工资更多的钱的时候人们都会高兴，即使这笔奖金的幅度早在你预料之中，当它实实在在地落到个人账户上的时候，还是让人兴奋不已。而人们在高兴的时候，伴生的问题就是会忽视风险。很多人在过年的时候会购买他们平常根本不看的垃圾货（比如北京人去的那些兜售垃圾货的庙会）。在投资品的购买上人们也会犯同样的错误。

02　不要因为手里有笔年终奖就被蛊惑投资一些自己根本不懂但听上去很不错的东西。对不懂的东西抱有好奇心是人类文明进步的原动力，但是当这部分未知领域涉及你的投资时，还是阻碍一下人类的进步吧。你不懂的东西就不要投资，这是投资理财的一条铁律。不管你是不是用年终奖投资，都是这样。

03　别因为赚点小钱而降低了自己的幸福指数。就像这个话题开始说的，别为了多赚那 50 元“花掉”80 元。大多数人的年终奖大约是几万元，即使全投入到固定投资收益产品中，因为节日效益而产生的收益差异也就在 100 元左右。而且这种收益差在以后几年还会缩小。

04　别用年终奖买什么保险。返还型保险产品的投入期非常长，不可能在你获得奖金时刚好出现什么好机会。如果需要买，考虑清楚再买。

05　我相信有很多看这个话题的人没有年终奖。如果是这样，没关系，这在经济不景气的阶段是很正常的事，也许明年你会有的。在绝大多数情况下，想办法获得一个能挣到更多薪水的职位，比琢磨怎么拿年终奖做投资更有价值。

为什么大家又喜欢国债投资了

如果没有别的好投资，储蓄型国债还是不错的。

早晨上班路上，你注意过围在银行门口等开门的大爷大妈们吗？以后很多年轻人大概也要加入这个行列了。他们在干什么？抢国债——当然是用钱抢着买，不是真的抢。

5月最新一期储蓄型国债（凭证式国债也是储蓄型国债的一种，此外还有电子式国债）的利率已经降到了4.32%（五年期）。但是普通投资者反而又开始喜欢这种国债了。上一次大家这么喜欢国债还是在1980年代，那时候很多行为被认为是违反法律，人们除了买国债没有什么可投资的东西。

为什么大家都开始抢购国债了？这还要从现在的“资产荒”说起。

你总听到的“资产荒”说的并不是没有资产可买，而是现在安全性较高的投资品收益率太低了。比如原来受大家关注的余额宝，已经从6%下滑到了2.4%左右。

那些安全而且收益高的投资品之所以绝迹，大概有两个原因，一个是市场流动性越来越充裕；另一个是中国经济的增长率不断下跌，也就是我们说的走入了“新常态”阶段。新常态阶段，安全的固定收益产品的收益，基本都高不了。

在这种情况下，国债就显得很了不起了。相对来看，它既安全，收益率又不错。

相对于其他固定收益产品，国债真的强很多。

首先，安全性很高。

国债是最安全的投资品，可以说是安全之王。虽然在很多国家，特别是南美和非洲的国家有过国家债务违约的事件（比如阿根廷，它现在还在为15年前的违约债务打折问题谈判），但中国的国债安全性还是很高的，只要不是世界末日，国家欠你的钱都会还给你的。国债的安全性远远高于高评级的公司债（你可以在二级市场上买到的公司债券全是高评级公司债）。理论上国债也比银行存款的安全性要高。更别说P2P产品了。

其次，收益比较高。

首先说一下，那些被投资者抢购的国债是储蓄型国债。在这个讨论收益的小节，我们讨论的也是储蓄型国债。现在定期存款的收益率，三年期为2.75%，五年期为3%。虽然这个利率在不同的商业银行，会有向上幅度，但和国债比也还有差距。储蓄型国债既安全又有较高的收益率。而之所以有这种非理性现象，我觉得是政府对保守型居民，特别是老大爷老大妈的一种补贴，让他们的钱有个好去处。所以别老抱怨他们如何没礼貌了，国债算是你沾了他们的光。

再次，税费最低。

比较一下几种投资品。其中国债收益是免税的；高等级债券税率是20%；股票持股分红，持股一个月内税率是20%，持股一个月到一年是10%，持股一年以上是5%。购买国债获得的利息收益不仅不用交个人所得税，买的时候也没有费用。这相对于其他投资品是优势的——股票的投资分红要上交个人所得税，一般债券的利息收益要缴纳20%的个人所得税。

还有，流动性并不差。

国债的理论投资周期都不短，比如一年、三年、五年。但如果你需要现金，可以随时去银行变现，而且交的费用也不高。在收益损失上，国债比定期存款也要好得多。如果提前赎回定期存款，存储期内的所有定期利息将转成活期利息。而投资者如果赎回国债，在买入到赎回之间的利息收益还是按国债的算。

所以这里提醒投资者，反正储蓄型国债三年期和五年期的赎回流程是类似的，而五年期的国债收益要高一些，那么你就通通选择五年期国债吧。

另外有个提醒。个人投资者购买储蓄型国债（这种国债其实是不允许机构投资者购买的）的上限是500万元，最低限额是1000元。对于已经财富自由的你这个数字好少是吗?

给外汇投资者的6个建议

外汇只要看好长期的变化就好了，投机是件低效的事。

全球很多国家的变故经常让人匪夷所思，比如英国和欧盟的事。在这个过程中，英镑的变化引起了很多公司人的注意——哎呀，要不要投资一点英镑？抄底啊！外汇存在抄底不抄底之类的问题吗？

01　你要抄底英镑吗？建议：没必要

很多人有这个念头是因为，在英国人投票是否脱离欧盟的当天，英镑的价格（主要是兑美元的价格）先是大幅度上涨后来又大幅度下跌，那个上涨和下跌的幅度简直不像一个大币种的单日震动幅度。也许这种过度变化引起了一些投资者的注意：哦？是不是得买一点英镑？但你要知道英镑为何下跌。英镑的下跌是因为，英国脱欧后很可能会用更宽松的货币政策来对冲脱欧所带来的资本流出。这会造成英镑贬值。全球投资者因为预计到英镑贬值所以会在那个倒霉的公投大局已定的时刻猛抛英镑。其实，在公投刚结束的时候人们对英镑有投机的机会，当时英镑跌了11.4%。后来有了一些反弹。那就是投机的机会，但现在，这个窗口已经关上了。

02　那你应该买什么外币？建议：美元

如果你觉得人民币还是不够把稳，建议你持有美元——中国人持有外汇的额度是蛮珍贵的，一个人一年只有5万美元等值的额度，而这里边你如果出国旅游还会用掉一部分。剩下的没必要浪费在英镑上。美元还处在升值周期，是个还不错的选择。另外，投资者没必要在这两天急着换，咱们的央行因为不愿意别人猜透它要做的很多事，经常会做一些反向的干涉，比如美元涨得太快了，过几天央行就会主动让这种涨势缓一缓。到时可以从容换外币。

03　那么，开始炒外汇？建议：不要

你有这种想法多长时间了？不管他，还是把这种想法从大脑里清除掉吧。看到外汇这么波动就动了邪念是吧。其实在这种经济波动剧烈的时候，长期投机外币的危险性更大，如果你加了杠杆，那这种交易更是破产良器。

04　那么欧元呢？建议：最好别买它

那个倒霉的家伙——欧盟，英国脱欧对于欧盟的坏影响从长远看一点不比英国小，就像我们以前分析过的，甚至欧盟可能解体。而从当前来说，情况是英国脱离欧盟会给欧盟内的经济体带来新的不稳定性。这些不稳定性包括贸易方面的，当然还有政治。比如，欧盟里的荷兰，这个国家里的一部分人已经开始商量荷兰也像英国一样脱离欧盟后要用什么货币了。欧洲央行为了平抑这种不稳定性，还要继续扩张其流动性。虽然欧盟已经是负利率，再扩张流动性作用也没有那么明显了，但硬着头皮它还是得那么做。这也就造成了欧元在今年余下的时间里还会继续贬值。

05　日元会贬值吗？建议：大概率

日元自去年 6 月以来一直在升值，到目前兑人民币的汇率大概已经上升了 20%。我很奇怪为什么在日本买买买的人们好像没有意识到这一点。这大概是因为这一段时间“安倍经济学”在日本逐渐失效，而日本央行对流动性带来的副作用有些顾虑。当然还有一个原因是美国。日本是个政治弱国，美国不希望日本央行过分干涉汇率，所以日元这段时间成了很多国际游资的避难所。但在接下来的 7 月到 8 月，黑田东彦（日本央行的行长）很可能继续推行日式的 QQE，以增加市场流动性并改变人们对中长期日元走势的预期。如果是这样，日元在未来出现贬值的概率是非常大的。

06　提防那些骗子　建议：远离他们

我怀疑英国脱欧公投结束后，用外汇、黄金交易欺骗投资者的骗子会大增。你要知道很多骗子工作其实蛮投入的，他们很会以新闻为由头编新的骗局的开场词。根本不要理他们。

第三章

你也许可以这样投资股票

>>>>>>>

放松，投资没必要那么精确

问题是你在力求精确的路上付出更多成本，还更容易走错路。

在市道动荡之时，读者的来信就会变多。特别是房地产市场新政实施时，很多人想知道是不是该投资了。

这些问题基本可以分为两类，第一类是让我预期房地产市场受压制后，股票市场什么时候能涨起来，投资股票一年能获得多少收益，或者股市会涨到多少点。另一类是提问中央决策层是不是已经决定让股市上涨，决策层用让资本市场价格上涨的方式能不能对抗美元上涨……

首先非常感谢各位的来信。但是这些问题我都没有答案。

先说那些希望知道指数会涨到多少的。的确，由于中国内地股票市场一些公司的估值比较低，再加上现在流动性相对充沛，接下来的一年，这些资产价格上涨的概率非常大。但是，谁知道这些股票在人们不同的情绪中会卖个什么价钱。收益率和股市能上涨多少都是这个问题。

其实我觉得这两件事的逻辑顺序应该是反过来的。股市点数对投资者来说有点像计时器。投资者更应该像参加 Party 那样，偶尔看一下时间，以免太晚而影响你回家；而不是像上下班一样，看到时针指着六点，你就立刻提包离开。投资是件快乐的事，它总的来看更应该像参加 Party。

当然预测股票市场的点位是徒劳的，那就像是比一比谁更蠢的比赛，建议不够蠢的人不要参加。

第二类问题，关于那些复杂的决策层的宏观政策。你关注它们对投资当然是有用处的，但是从大家的问题来看，这些公司人可能陷入了一种“放大过敏症”。

关于“放大过敏症”，我可以举个自己的例子——我的一次不成功的恋爱。好家伙，我对一个杭州的女孩一见钟情。由于我们不在一个城市，这种异地恋非常辛苦。我很珍惜她在每个星期的几次通话中（当时还没有智能手机）对我透露的一些信息，然后根据这些信息揣测她当时的状态以及我怎样才能讨她喜欢。

一见钟情导致激素分泌过剩，然后异地恋。这就是恋爱中的“放大过敏症”的产生条件。其实那个女孩和其他人没什么太大不同，也是一日三餐，以及吃喝拉撒睡。但是我这个异地恋者把她无意间透露的生活信息放大了，以为她随机透露的信息都是她生活中最具标志性的信息，而且误以为她生活中最重要的事是和我的关系——在我的概念中，她是个“恋爱人”。

而实际上，根本不是那么回事。我由于不知道这个女孩除了和我的关系之外的其他问题在她生活中的权重，所以对她随机信息的表意分析（以为是以恋爱为核心的）全都扭曲了。因此，根据我领会她的意思而作出的反应也都是有问题的。

这里我有两个错的地方，第一，我对被分析标的的权重分配不够了解，第二，我不应该敏感地因为这些分析做出改变，这是因为女孩通常不喜欢那种变来变去的伪装完美者。总之这是一场失败的恋爱。

那些聪明的投资者分析宏观政策时往往也会出现这种异地恋者容易有的毛病。那些投资者因为自己在投资，所以会把经济决策层的一些政策都想象成是针对股票投资的。再加上对整个宏观经济状况不那么了解，所以也不了解中央决策层面对经济活动的权重分配。这样，很多投资者根据宏观政策分析得出的结论都是有问题的，作出的判断也都无效。

不要说普通投资者，即使是顶级经济学家的投资判断也往往失准（这也是宏观经济学家很少有靠投资，而更多是靠写书致富的原因）。这种通过分析宏观政策而得出精准投资决策的行为是根本不必要的，投资者只要做到模糊正确就可以了。

为了多吃一块小熊软糖

价值投资者相对其他人并没有学识和智力优势，但是他们大概能理解概率，并且愿意多等五分钟。

对于一个“著名”业余投资者来说，每当投资市场动荡的时候，微信里就会收到几个pre投资者（就是那些准备投资的人）的提问：该买什么股票，有推荐吗？这个业余投资者就是我，和pre投资者的对话每年都要进行个三四次。这个过程大概是这样的—

pre：“×××1可以买吗？”

我：“×××1可以啊，这家公司很棒。”

pre：“但它已经很贵了，有没有便宜点的？”

我：“×××2不错哦。”

pre：“这家公司好像总是不涨啊。我只有几万，想买那种短期就能涨的，在春节前它会涨么？”

“……”

其中一个pre，她这样问类似的问题已经两年多了，但据我所知，她还没有开始她的投资历程。当然，是不是拿钱去投资是她自己的事，我只是对她的行为感兴趣而已——为什么做一个准备动作要那么长时间。我觉得这个原因首先是程序性的。我们的证券投资者首先要开通股票账户。虽然这个行为已经被有关部门简化到无可再简化，但它还是阻止或拖延了很多人的投资历程。

新加入的投资者去证券公司开户是个令人厌恶的节点——面对自己茫然无知的领域，一堆面目可憎的表格。这个过程想起来就拒人以千里之外。这有点像在医院看病挂号——我猜如果中国在看病的易得性方面做些努力，会比在医疗所需要的药品价格上做出让度，对于提高中国人的健康程度效率更高——很多人发现自己不太舒服后因为去医院检查太麻烦而宁愿忍着。

另外的原因（其实这个更重要）是，投资更像是健身、跑步之类的活动，而不是吃药或者动手术。

很多 pre 投资者以为买股票对于自己的财务状况的改善就像病人吃药或者动外科手术一样立竿见影（如果手术刀刺对了地方的话），鲜明且可以量化。但事实往往不能满足他们的需求。即使一个普通投资者像我们经常建议的那样分期购买了代表着整个股票市场情况的指数基金，这种产品既简单又便宜，但还是很有可能，在他购买这个产品之后相当长一段时间里，整个市场的指数是在下跌的。如果这个投资者足够倒霉，他开始投资的时机是在 2007 年或者 2015 年的下半年，就更是如此。他也许因此 5 年内不会谈股票投资的事了。而具体到某只股票的投资，情况就更加复杂。人们花掉金钱和精力，换来的却是财富缩水，这真是令人颓丧。

关于长期投资的回报，还有一个影响因素叫概率。一般人很难理解。比如一只由于非常费解的原因而极速上涨的股票，新的投资者买入这个怪物后它还会上涨吗？通常来说，概率是 50%——也就是瞎蒙的概率。但如果投资者看到，这只股票后来真的上涨了，就认为怪物上涨是必然的，起码是大概率的，因此寻找怪物类股票成了投资中最重要的事。不幸的是，在投资市场上，事实未必是检验真理的标准，很多时候它反而是人们走火入魔的诱因。

很多人是很难理解长期投资获取价值这件事的，这就像很多人不能忍受延期享受一样。英国和美国的社会行为学家都对它们的儿童做过延期享受的实验——现在就吃掉一块小熊软糖，还是五分钟后获得两块小熊软糖？２／３以上的孩子都选择了前者。

这并不值得悲观，反而是长期投资者的优势。就像巴菲特给格雷厄姆的《聪明的投资者》序言中所说的：成功的投资者并没有智力和学识上的优势，然而你却能发现，有的人看了很长时间价值投资的理论也不能理解，而有的人只看了五分钟就可以照样实施。巴菲特所说的后者，也许就是在实验中，愿意等五分钟而获得两块小熊软糖的小孩。

走得慢，好过走错路

把时间变成你的朋友，而不是敌人。

这是我同一天收到的两个读者发到我邮箱里的问题——怎样才算是价值投资者。开始我还以为是同一个人在发邮件时重复操作造成的。

回答这个问题对于一个自认为是价值投资者又好为人师的人来说是一种享受。我感觉这有点像牛的反刍——把自己吃进去的东西吐出来再吃一遍，虽然旁观者并不一定多喜欢这个过程，但反刍者自己却津津有味。

不比喻了，还是来说一下什么是价值投资者。简单来说，以投资标的未来可能获得的现金流状况为投资依据的投资者，就是价值投资者。

上边那句话在新媒体时代算是又长又费解的了，但是我实在不能归纳得更言简意赅。如果你没看明白就再看一遍吧。

其实，大多数公司人，那些不投资股票、只把钱放到银行吃利息的，都是价值投资者——他们最看重银行或者理财产品的利息有多高不是吗？只不过这些保守的价值投资者，并没有非常关注自己投入资产的使用效率，也就是没有关注投资和风险的“边界”。

“边界”在各个领域都非常重要。投资的3个衡量标准是，收益、风险和时间。理性的价值投资者应该把自己的钱放到在相对最短时间内、投资风险相对最小、投资收益最高的投资品上。把钱存在银行显然不是，银行正是利用了储户的这种“非理性”赚到了钱。而这种非“边界”领域的存在也说明，尤金·法码所说的有效市场只是一种理想状态。人类是相对理性而不是绝对理性的。

而相对理性的特性正是人类发展的动力，因为相对理性才使市场有了形成的可能。也可以说，错误的认知是人类发展的动力，因为一个市场中总有一半的人对行情的判断是错误的。

的确，在寻找投资边界的路上，除了价值投资还有其他方法。比如有的聪明人，他们根据市场中各种交易总结出的数学模型计算未来各种市场情况发生的概率和期望值。如果现实市场定价出现“错误”，那么这些模型建立者就可以利用真实期望值和理性期望值之间的偏差获得收益。由于这种期望值之间的偏差不大（即使市场会定错价，也不会傻到没边），所以数学模型狂们通过增加交易杠杆和加大交易频率来增加投资收益。这就是那些所谓的“宽客”。

不过一个普通投资者，如果需要我提供选择建议，我还是建议你走价值投资的路。

这是因为做一个模型狂更难，而且很多情况下，由于数学对现实的描述不够准确，还有可能算错。更要命的是，杠杆提高了，时间很可能变成这些投资者的敌人，而它本该是你的朋友。很多宽客其实是在和挂在墙上的钟打赌，出现极小概率事件的可能，会由于时间的改变而增大，而这种危机迟早会出现。

而价值投资者，你只需要掌握高中数学就够了（其实高中数学对于价值投资来说都有点太多了）。理性的价值投资者需要对数学敏感，但他们寻找投资边界（也就是他们的圣杯）的方式是通过增加延长投资的时间增加未来的可预测性，从而降低投资的风险，以及提高投资的平均收益率。价值投资中所说的预测，是指预计某种投资品未来产生现金流的水平，而不是现在的市场价格。

很多刚刚开始的投资者往往会质疑价值投资的效率，他们宁愿相信那些价格预测者毫无理由的判断（其中一些人根本就是骗子）。你可以反过来想一下，如果未来现金流变化不规律的投资品的短期价格是可以预测的，那为什么福布斯排行榜中没有一个亿万富翁是靠这一行有钱的。

走得慢，总比走错路好。

个人投资者能战胜机构投资者吗

如果你找到个人投资者的优势，然后运用的投资理念也不那么离谱，就可能赢。

上周有读者问个人投资者能否战胜机构投资者，这是个很有趣的问题。

在周刊（即《第一财经周刊》——编者注）的微信公众号里我说到个人投资者相对那些机构投资者来说，投资更加私密。机构投资者无论投资了什么，在一段时间之后都要根据规矩向有关部门汇报。而个人投资者要自由得多，他们愿意投资什么都行，也不用汇报——除了你的太太——自己的很多行为。这就像小便和写作，虽然被人盯着没有在物理上受到什么阻碍，但它足以让人感到别扭进而影响完成质量。投资决策也类似。

而且机构投资者的投资行为一旦被关注，一般都会引起投资标的价格的上涨，这会使投资成本上升。越是著名的机构投资者受到这种影响越大。比如巴菲特的伯克希尔·哈撒韦。这个巨型投资者曾经为此和美国证监会抗争过，但是现在他们还是要被迫暴露自己的投资意向。

更隐秘当然是个优势。但个人投资者的优势还有很多。绝大多数机构投资者被要求不能过于集中地投资于比较少的股票。特别是公募基金，它们被要求投资某个股票的金额只能占到总体投资金额的10%。即使这个基金经理再看好那个公司的股票也不行。这种措施的结果是让公募基金的投资收益更加平庸。而个人投资者却可以把更多的钱放到自己认为最棒的股票上去。

机构投资者面临的最大问题其实并不来自于监管机构，而是自己的老板，那些投资机构的管理者。这些机构管理者为了让自己公司推出的基金更有市场竞争力，让更多的投资者把钱放到他们的账户里，不断地给自己的基金经理施压。更过分的是他们每个月都对基金经理投资收益进行比较。基金经理的境遇经常是在比较中胜出就会得到高工资和奖金，输了就可能被轰走。

这种一步天堂一步地狱的考验的确可能磨炼出很少一部分基金经理变成超级赚钱王——当然，也可能是因为他们运气更好。但对大部分基金经理来说，他们的解决方案却是变成沙丁鱼以自保。

你看过沙丁鱼是怎么躲避鲨鱼的袭击的吗？它们的办法就是所有成员都保持行动一致。这会让猎食者眼花缭乱，不知道捕捉谁更有把握。

基金经理就是用这种方式来对抗老板并保住自己体面的工作的。这些家伙中的大多数总是在一段时间内投资同一类股票，并把这类股票称为投资“热点”。不管是不是一家基金公司的基金经理，他们都做出类似的投资决策，这让基金的管理者很难进行横向比较。总之看起来都差不多。对基金经理来说即使投资收益相对来说保持平庸水准，但是拿到高收入还是足够了。

而个人投资者在这方面具有绝对优势，你不会因为自己的平庸而沾沾自喜吧。只要你不是个“气蒙心”，因为听说邻居或者同事的投资收益比你强一点而睡不着觉，就完全有希望战胜那些道貌岸然的基金经理。

个人投资者还可以因为基金经理的沙丁鱼效应衍生出投资优势，那就是你可以不那么赶时髦。基金经理如果扎堆购买某一类公司的股票，再加上被他们聒噪而来的其他投资者，你可以想象，那些股票的价格将有多贵。你何必跟着凑热闹呢？

在很多不被机构扎堆的领域，有很多值得投资的公司，只是因为公司的运营的业务和潮流有点不匹配而有个便宜的市场价格，它们才是个人投资者更应该关注的。

事实也是这样，从统计上看，个人投资者的投资成绩比机构投资者的要发散，他们之中一些很棒的人长期超越整个市场，他们不只是运气好，而是很好地利用了个人投资者优势。而达到这样的结果，并不一定会占用你所有的业余时间，只是让你的生活更充实而已。

投资股票，也该注意精神卫生

投资股票赚钱与否还在其次，别患上市场瘾症更重要。

卷入股票市场的人很难不被它迷住，市场的力量就像《指环王》中那个魔戒一样。在股票市场出现大幅波动的时候，比如现在，投资者除了关注投资收益率，似乎还应该关注一下自己的精神卫生。由投资品价格剧烈波动所导致的幻觉和“瘾症”不一定那么严重，但它们完全能让你看起来像个傻瓜。

有人逐渐上瘾，然后就把投资变成了赌博。

逐渐上瘾的心理原因是，人们的心理账户不喜欢代数增加模式（也就是每天都挣一样多的钱的模式），而更倾向于几何增加模式，这个心理体现在宏观问题上就是，人们更关注经济增量变化的情况，对存量却不那么上心。

这本来很好，不过心理账户的这种计算方式应用在某些地方会出问题，比如抽烟的人烟瘾总是越来越大，要戒烟就要找更过瘾的办法。你知道海洛因是怎么产生的，它是人们发明来戒断大烟的“药”。

在赌博问题上也是类似。赌徒总是喜欢逐渐提高下注额度，这种上瘾最后有可能导致倾家荡产。股票投资者如果保持一种长期投资的态度，是不容易产生上瘾问题的，但是有的投资者就是喜欢每星期都交易。这种交易方式本来就会造成人们逐渐增加交易额，而高度颠簸的市场让交易者更加兴奋。如果在平缓的市场中频繁交易者需要一年才能变成“赌徒”，那么在颠簸的市场他们只需要半个月就可以。

你要相信，用很多的钱赌小概率基本就是找死，而且在很多时候，在股票市场上败家的速率比牌桌上还快。这主要是因为，牌桌上的赌徒知道自己在赌博，而股票市场上的赌徒都以为自己在投资。

另外，别信神棍。

股票市场大概是神棍界最主要的组成部分。这个领域充满了钱、未知性和信息不对称，简直是人们产生对“神谕”期盼的沃土。

麻烦的是，除了很多领域中神棍的共同特点——图财——股票市场中很多神棍不求名利，他们中的很多人是由于偶然事件变成草根股神的，比如在某一次说对了当天股市涨跌而受到人们注目。其实，他们在人们心目中的地位顶多像古代大路边上供奉的土地爷，非常偶尔才有人会祭拜一下。在一般情况下人们无视他们的存在，喝醉的人甚至会冲他们小便……但是这些自学成才的神棍可拿自己当回事了，他们为了维护自己的神位，不遗余力地“预测”。这些预测大部分是凭借感觉瞎说的，所以这种不遗余力地预测和不遗余力地害人没什么区别。

最重要的，别信阴谋论。

阴谋论在中国最有市场，不管是哪里发生了治安案件还是股票市场，都是这样。

这类帖子在互联网上到处都是，移动终端的普及更是让其如虎添翼。这些论断的特点是，总是很拟人化地叙述一个复杂的事。比如，外国投行阴谋做空中国市场，这么做还是某国政府的安排。或者，“庄家”在某时某点要出货了，市场会怎样怎样，然后，那些“庄家”在某个点位会再把指数拉回来。外国投行、庄家、政府等角色在这些传说中都像个固执的孩子。

我曾经有幸在一个上市公司和一家投资机构工作过。相信我，那些所谓的外资投行内部的人对市场的看法经常不统一。所以，即使有个投行的人说了什么，投资者也根本不用恐慌，他们说话经常变的。

在一些小的上市公司股票交易中会有所谓的“庄家”，这些庄家一般来说就是这些公司的实际控制人。而他们到底要对那些股票做什么，我觉得局外人根本不可能猜到。所以一般投资者还是不要瞎猜了。

AlphaGo 会成为股神吗

AlphaGo 不能预测股市的未来，以后基本也没有这种可能。

人类的一个特点是，每当有一件新东西被发明出来，除了用这个新玩意儿干本职工作，就是用它干点不靠谱的事。失败案例中比较突出的是老虎机。这东西在 1900 年以前就发明了，最开始它就是种卖烟卷和水果糖的自动售货机，到后来那些有头脑的生意人发现大家对摇出三个同样的水果图案比买到水果糖更感兴趣。

类似的，当 AlphaGo 战胜了李世石，有的人想到的问题是，这个家伙这么聪明能不能帮我买股票啊。人们想通过预测未来发财这事大概想了已经几千年了。古代君主和军官会用龟甲占卜将要发生的战争是不是可以取胜。而这种“高科技”流传到了民间就被庸俗化了，人们就开始用乌龟壳寻找自己的财运。有了股市以后乌龟壳变成了 K 线图，现在又有人打起了 AlphaGo 的主意。应该说 AlphaGo 比乌龟壳和 K 线图高级多了，但要用它从股市掘金照样行不通。

这种必然的失效最明显的一个问题来自于AlphaGo这种计算机软件处理问题的方式。AlphaGo是绝对理性的代表，它会从所有决策可能中挑选最优的决策。计算机最擅长的就是这个，只要是能通过提高效率达到的事它们就会做得日臻完美。

但股票交易并不是这样的。市场上交易的参与者根本不是绝对理性的，他们只是希望做到最好的相对理性。举个例子，在股票市场上，很多时候股票交易的价格都超越了股票的内在价值。这时绝对理性的做法是不参与交易，而相对理性的做法是在股票还在上涨时买入股票然后在最高点卖出。

如果市场被这种情绪占领了，那么聪明人也会被迫放弃本应理性的态度而进入爆买程序。因为如果选择绝对理性，交易者会错过很多次股票价格暴涨的机会，而“主人”并不会喜欢这样的AlphaGo。

那么退一步说，我们可以设计一台聪明的、相对理性的计算机，用来为我们的股票交易服务吗？这件事很多人已经做了，但是效果并不好。

之所以效果不好，第一个原因是，计算机设计技术的门槛对现代人来说并不高。一种有效的交易设计思路被发现后（即使有可能是有效水平很不明显的那种），也会很快地被其他交易者复制。随着一种有效的交易方式被复制，这种交易的有效性就立刻被消除掉了。

这就像杰里米·西格尔在他的《股市长线法宝》第一版中发现美国股市在1月上涨的比例很大（这主要是美国税收制度造成的）。到了第二版出版时，这种1月效应已经基本消失了。

再有就是，很多时候股票交易都是没有逻辑可以推导的。比如，金融决策层宣布降息，那么第二天的交易情况会怎么样？从历史统计来看有8次上涨2次下跌。但你并不能认为降息造成股市上涨的概率是80%，即使所有宏观条件都类似也不能这么说，这只是个统计结果而已，它们不一定有逻辑关系。所以在短期交易中，交易历史并不能反映未来的交易状况。因此，那些抱着K线图寻宝的交易者注定是一场空。

即使用运算速度再高的计算机，从历史交易中寻找未来的交易规律也注定是不成功的。这就像跑错了路，即使跑得再快也到不了目的地（这里不讨论地球是圆的的问题）。

很可能聪明的AlphaGo在交易领域并没有什么突出的优势，它最适合的工作还是下围棋。而对于人类，没有找到预测未来交易的神并不是坏事。如果人能完全了解未来，那生活还有什么乐趣？

最后提醒一句，如果有哪个公司将AlphaGo能预测股市当噱头诱骗投资者，那么赶紧离开，他们基本可以被断定是骗子。

如果市场好到头了，你该怎么卖出股票

注意你身边那些股票厌恶者，他们会给你不小的帮助。

判断一个市场是不是上涨到头了是一件非常困难的事。这个难度类似于你能判断你的女朋友看淘宝的频率什么时候会下降。如果你可以，那么你有 1000 万个女友会怎么样？

这件事除了难度还有代价，一个投资者对市场峰值作出错误决策的机会成本非常高。这种高成本有两种表现形式。一种是市场在上涨，而你的现金却埋在花盆里，这个埋藏的时间可能超过 10 年。

另一种，也是最糟糕的。在一个时点卖出了所有的投资，然后全家人去度假，回来时看到市场还在上涨，受不了诱惑，以更贵的价格把一切买了回来，结果是，市场在这个时候开始一泻千里，而利润的一部分还被度假用掉了。

在一个市场结构比较丰满的市场上，极端事件也许 30 年才出现一次。投资者根本没必要做出离开还是继续的选择。而在另一些市场中，投资品过于强烈的周期性表现会让投资者的长期收益受损。

而且，在一些投资品出现极端非理性市场定价的时候，你不卖掉它们也属于非理性行为。就像伊丽莎白·泰勒说的："有人蠢到要拿300万买我的一张照片，而我还没蠢到不卖给他们。"

和没有一个神奇公式能准确判断市场是否已经最差一样，也没有一个神奇公式能准确判断市场是否已经好到了头。很多专业投资者用局域资本市场的市值和这个经济体GDP总量的比值来进行一个基础判断：如果这个数值达到150%则被认为是相当危险的。我觉得这个判断像天气预报中的橙色警报，虽然不是说世界末日马上就到了，但你最好不要出门。

除了宏观判断，我喜欢采用的一个市场判断指标是，寻找你身边那些对股票持厌恶态度的家伙，如果这些人也开始买点股票了，那将是非常危险的一个标志。

这个判断的逻辑是，什么让那些对厌恶股票的人进入了市场?

其实，你可以把股票厌恶者基本看成一枚股票市场的风险提示检测器。厌恶股票的人实际上并不厌恶赚钱，只是不喜欢承受过高的投资风险，或者他们以前在这个市场上吃过很大的亏。所以，如果市场上还有一点声音在提示风险（这并不是指管理者的声音，而是身边的人对股票的态度倾向），股票厌恶者就不会把钱拿出来买股票。当身边所有人都认为高枕无忧的时候，股票厌恶者才会开始享受他们的股票投资之旅。但现实却是，你身边的人本身就是个信息过滤器，在过度乐观的情况下，大脑选择性听取的功能屏蔽掉了有关风险的内容，只把乐观的那部分表达了出来。

股票厌恶者根据身边人意见作出的判断是——现在股票市场风险最小！其实，那个时刻股票市场的风险最高。

如果投资者要卖掉手里价格已经明显过高的股票，也没必要像玩锻炼反应力的游戏那样，市场变化没有那么快。投资者完全可以把手里的筹码分成十份，然后一份一份慢慢卖掉。这有点像我们一直说的，在市道不太好的时候投资者买进股票，要小步慢跑地进入市场。在离开市场的时候，投资者也许也需要小步慢跑这种运动。

由于对市场的整体景气水平的判断是模糊的，所以，投资者也不要成天幻想自己获得筹码的成本都是市场价格最低的，在卖出筹码时都是一个阶段内市场的最高价格。能不能取得这么好的结果和智力水平几乎无关，这完全是一种运气。所以你要有心理准备，在完全卖出手里的股票后市场总体水平又上涨了 20%。即使是这样，也不算是个糟糕的结果，你总之还是赚了的，做人不要太贪心。

基金冠军有用吗

投资者应该注意到，当神迹出现，倒霉事就随之而来。

在一年的最后几天，很多熟人是非常忙的，特别是那些做排名产品相关的。

公募基金以及相关行业就是这样。随着最后几个交易日变化，关于公募基金年度收益率冠军的竞争已经达到了白热化的程度。很多媒体也在为其加油鼓劲，每天在互联网上报道最新的排名情况。而且，在每年的冲刺阶段经常会出现很诡异的情况，造成排名竞争逆转，我不知道是不是有什么秘密的交易，只是觉得诡异。

它们在做什么？就是为了竞争每年收益率的冠军。那些收益冠军或者进入前几名的基金在新的一年会更好卖。但这种指标真的能给投资者指明方向么？

如果你有时间，可以翻看一下之前年份的基金排名。2014 年的冠军基金，如果投资者真的按照它最牛的排名而买入，那么在接下来的 2015 年将蒙受不可思议的损失——2015 年这只基金的净收益率排名最末。虽然，在2015年有很多只新基金发售，这样简单地计算收益率不够公平，但这种事情也足够令人发指的了。更令人惊讶的是，很多行业媒体竟然没有注意到这件事。这帮家伙看来只关心完成他们的任务和看热闹，而不关心他们做的事到底给投资者带来了正效益还是负效益。

关于那些专业媒体如何没有责任感，咱们以后还会有机会说，这次先说这种冠军基金是多不靠谱的事。上一届的冠军这一次垫底，真的让人怀疑这些主动型基金的成绩有多大成分来自于随机性。而随机性一个有趣的特征就是，当你相信神迹出现，那你就要开始倒霉了。

美国的一位著名魔术师德伦·布朗曾经用电视镜头展现过一次他的魔法——他可以准确地预测股票市场的涨跌。布朗的做法是，每天早晨开市前随机给若干名观众发电子邮件，在里边预测当天市场上涨还是下跌。10个交易日后，那些观众被带到了演播室。他们证明，那位魔术师和自己根本不认识，他们也毫无动机为魔术师掩护，但是他们的确连续收到了市场预测的邮件而且正确率100%。如果这位魔术师做私募基金经理，那么大家都愿意把钱交给他。

布朗真的是未卜先知吗？实际上他是这么做的，假如先给10万名随机人士发电子邮件，一半的邮件说当天的市场上涨，另一半邮件说市场要下跌。第二天再向第一天说对了的那一半人发邮件，再次应用一半上涨一半下跌的策略。

这样经过10个交易日，总会有几十个人，他们接到布朗的邮件对市场的预测是全都正确的。电子邮件这种工具，大大地降低了获得随机性神迹的成本——你想一下，如果布朗写信要多少纸和邮票——但是，如果布朗真的拿了那些认为他是神仙的人的钱，开始自己的投资经理生涯的时候，那些投资者就要倒霉了。

客观地说，中国的公募基金投资经理的水平还是要强于完全的随机性的。我接触过一些基金经理，他们中大多数的聪明程度和专业努力程度要超过一般人。但是，在公募基金界的另一个现象正在抵消着这些精英人士的努力，那就是基金经理位置的频繁调换。

令人绝望的是，越是历史成绩优秀的基金经理换工作的概率越大，他们不是去做对个人利益更明显的私募基金就是被有关部门带走协助调查了。所以，一个投资者要是因为某个基金经理而买了某只基金的话，失望的概率会很大。

所以，就像我们以前强调过的，投资者要投资一只基金，最关键的两个指标应该是基金公司的稳定性和其收费水平。相对主动型股票基金，便宜的指数基金是更值得普通投资者配备的。

为什么我的基金经理总是熊市表现更好

要是投资者能像鹦鹉一样厚道，也许大家的投资收益会好一些。

和一位熟人聊天(这是一位很有魅力的女士),偶尔说到了股市。她把她的钱交给了一位“私募基金经理”，而这个私募基金经理的投资成绩令人意外。从去年6月到今年4月这段时间，私募基金经理为她赚到了10%的收益，而同时整个市场上涨了大约120%。

这位女士并没有埋怨她的投资经理，并为他辩解说，那个家伙虽然在牛市表现得糟糕透顶，但在熊市的时候却很出色，在股市下跌的黑暗岁月里，他偶尔还能获得一点正收益。

而那个“基金经理”对自己不理想表现的解释则是，他是个价值投资者，所以在非理性的股市里表现得并不好。

在为这个问题找到答案之前，我觉得有必要先排除一些可能的道德风险。

因为那位女士的私募基金经理并不是正牌的，他们只是认识。这个经理在一家券商工作，业余为熟人做投资。因为没有透明的报表可查，所以这类投资经理完全可以在牛市中用投资人的钱赚了钱，再说他的收益率很低，而中间收益差额被这个家伙放到自己腰包里了。

我非常不赞成投资者用这种私人委托投资的方式，这大概是把委托双方的关系搞到法庭上去的最有效方法。当然，也许我想的太阴暗了。

不过，那个投资经理也许没说谎。投资者在强劲上涨的股市中，的确很难跟上市场的步伐。这种现象不单个人投资者，在机构投资者中也很普遍。你可以查一下公募基金近一年的投资成绩，能战胜指数的公募基金大概不到１／５。

这种市场现象让人想起丹尼尔·卡奈曼在他的著作中曾经提到过一个关于人输给鹦鹉的试验。

试验中有一枚灯泡，它可能闪绿光也可能闪红光，绿色和红色出现的比率是４：１，而到底闪什么颜色的光是随机的。参加试验的人要猜测灯泡到底呈哪种颜色，猜对了会获得一美元的奖励。

人们在参加试验之前被告知灯泡颜色的出现概率。同时参加的还有一只鹦鹉，这个小家伙猜对了会获得食物。

比赛中绝大多数受试者都输给了鹦鹉。这是因为人们知道灯泡颜色的出现概率。每当绿色出现得比较频繁，受试人就会猜灯泡会闪红光，结果这种猜测往往不正确。而鹦鹉不知道这种概率，由于条件反射，它每次都猜绿灯。

在牛市中，鹦鹉就类似于市场，而那些愚蠢的人类就像投资人。

而在熊市中，基金经理的收益要比市场好一些，权重最大的原因不在于他们是什么价值投资者，而是他们经常买进卖出造成他们离场的时间相对比较长。如果股市一直下跌，那么投资者只要持有现金就可以战胜市场，这要容易得多。

在熊市战胜市场最极端的例子是美国 2008 年投资基金收益冠军托马斯·福雷斯特。

这个中年人管理着一只规模达千万美元级别的投资基金，市场稍微有点不对劲他就卖出股票买入最保险的债券或者手持现金。但是，这种操作方式让福雷斯特在 2003 年至 2007 年之间的投资成绩糟糕透了，他整整输给指数 30%。

也有个聪明人对我说过他的完美投资策略，那就是，在牛市的时候买指数基金，在熊市的时候把钱交给保守的基金经理，那样从总体上就可以战胜市场了。

这个投资策略够有想法，但是不够实用。这是因为，你怎么知道什么时候是牛市，熊市又会在什么时候到来？简单地翻译一下，这个聪明的投资方式就变成了：在股市上涨的时候买股票，在股市下跌的时候拿着现金——这就像那句选择恰当的时机投资股票市场的原理一样，很聪明但是是句废话。

鬼晓得下一个苹果在哪

从一大堆公司里找到未来会成为苹果的那家非常难，这个比例还不如你去赌轮盘赌。

看苹果公司最近的年报，iPhone 销量出现同比下降，这也造成苹果公司的股票价格下跌。一个投资美国市场的公司人跟我聊道，要是不是现在，而是 15 年前就发现苹果，就好了。

这是个好主意，我当然也希望这样。那么我们来看一下，苹果在成为苹果之前，我们能不能把它从一大堆公司里挑出来。

这种挑选需要判断两点。一是你要知道一家创新性公司的创新是不是会最有效地运用到以后的社会发展中去。

关于这一点的成功率我在一本分析经济发展史的书中看过。在我们的课本中，我们曾经用智慧无数次战胜了西方人，这次我们说一个失败的例子。

在古代，人们使用畜力拉车。西方人的马车有两轮的，也有更能承重的四轮的。马车是四个轮还是两个轮，看起来对其承重并没有关键性影响，中国人把改进畜力拉车的注意力放到了驾驭畜力的方式和工具上。在给牛和马使用的辕上，中国人的方式更加合理，它不会让那些可怜的牛马喘不上气。通过这项改进，当时中国的牛比法国的牛生产效率高出 50%，并且有更高的幸福感。但是，中国人在四轮车方面毫无研发贡献——据说四轮车的转向传动轴装置在中国古代自行研发的设计图纸中始终没有出现。

中国的这种设计领先维持到机械动力装置的出现，比如汽车。没有什么辕可以让汽车更舒适。在此处，四个轮子的车让整个车厢的稳定性更为重要。西方人发明的汽车所提高的生产效率肯定远远大于中国人发明的让牛喘气更痛快的拉车所提高的。

人们对于这种工具变化方向前途的判断正确率非常的低，平均正确率大概低于 5%。你很难找到另外 95% 没有价值的对工具和技术的改进，是因为历史的尘埃厚重，并且你也很善于忘记。

我在这方面的判断能力怎么样呢？看看下边我说的就知道了。在 1990 年代，我作出了一个特别重量级的判断：移动电话有什么用啊？从这件事可以看出我的水平绝对不会高于人们的平均值。

挑出苹果，另一个需要判断的点是，在技术和工具改进方向正确的公司中，挑出最终能胜出的那家公司。有很多公司都是这样，它们有杰出的预见性，但是它们的公司运营有问题，或者它们只是不够走运，而只能成为烂苹果。

在烂苹果中最明显的事例是 Palm 公司。如果你记事比较早，可能还记得这家公司。

苹果和其他一些公司开拓性地做出灵活好用的智能终端特别有效地改善了人们的信息获得方式。但是你知道吗，比苹果和三星更早就有公司这样做过，而且这种产品使用方便、界面友好。这就是 Palm 公司（现在的中文译名叫奔麦）所做的，他们的产品被称做

PDA——Personal digital assistant。在 PDA 市场的竞争中，Palm 公司的市场份额曾经高达 60%。而且，这家公司无论是创始人还是后来加入的唐纳·杜宾斯基，也都是专心致志的聪明人。

不过这些优势都没有妨碍 Palm 公司在 2000 年的网络泡沫之后，股票价格下跌了 93%。而且这种崩溃式的下跌和当时 Palm 公司的状况是相匹配的。Palm 的利润非常低，以至于不足以支撑当时由于竞争而出现的巨额营销花费。这造成这家公司屡次被收购和独立。无论如何，它肯定不是一个理想的投资对象。而走对了方向却无法始终保持价值的公司大概占这个领域的 90%（在风险投资盛行的年代这个比例要更高）。

通过上边的分析，简单算一下，我从一堆水果里选中苹果的比例大概是 0.5%。这真是个败家的投资方式，我决定，还是继续我的专栏创作吧。

打新股的新策略

新股申购办法更有利于基金机构们，但你也不妨小赌怡情。

股票市场好像缓过来了，谈论投资股票的人又多了起来。金融当局也因此敢重新启动 IPO。这是件好事，对于希望在资本市场上融资的公司和没什么投资渠道的投资者来说，都意味着新的机会。

谨慎的公司人如果更关注所投资资产的安全，又不希望投资收益太低，那么打新股是个不错的方式。更何况这次管理部门对申购新股有了新的规定，这让打新股的实际成本有很大的下降。

这项政策变化最大的一部分就是，投资者申购新股不再需要预先向申购户头里打数额相当大的资金，根据其在股票市场的市值就可以参加申购的抽签。

申购新股的政策是变化最频繁的。原来大部分时间，投资者想要申购新股需要很多钱。从理论上说，你存到申购账户上的钱和申购中签购买新股市值的比例，就是新股申购资金的中签率。而这个比例一般都会小于 1%。

这相当于，如果投资者想要买1000股的股票，基本就要准备好买10万股股票的钱。而且，申购新股的投资者还要在股票市场上有相当高的市值。但是，申购新股有很高的收益——在很多时候，如果新股中签就能获得100%以上的投资收益——如此高的投资回报让很多投资者宁可放大资金杠杆也要参加申购。这也是造成今年年中股票市场配资过高的一个原因。

新的申购制度把先打款的要求改掉了，但还是要求申购者持有相当数量的股票市值才能申购新股。具体地说就是在上海交易所持有1万元人民币市值的股票（这个市值是指投资者申购新股前20天平均持有的市值），则有资格申购1000股新股；在深圳市场持有5000元人民币市值的股票，则可以申购500股新股。申购者不用在申购前把钱打到申购账户，就能参与申购抽签，待抽签抽中了再交购买新股的钱就可以了。

这种新办法会产生两个效果。一个是对那些相对便宜而且股息率比较高的股票的市场价格会产生推动作用。这是因为只为了申购新股而买股票的人为了让所持有股票的平均市值达到及格线，更倾向于选择价格比较稳定的高市值股票，如果IPO比较频繁，那种蓝筹股的购买者就会相对增加。

另一个效果是申购者的实际资金成本降低。在先缴款后申购的时代，申购者其实是需要不低的拆借成本的。他们很可能为此卖出已经持有的股票而产生交易费用、资金滞留在账户的利息损失，以及机会成本。而现在，新股申购者只要持有相应市值的股票，他们申购新股的成本就比买双色球彩票还要低，而且申购的易得性也增加了。

新的申购政策会吸引更多的人参与申购，而IPO的公司的股票却不能变多（其实也可以变多，那就是把原来几元钱的股票拆成几毛钱发行，但现在监管部门还不一定认可这个主意），所以，以后新股的申购中签率只有几万分之一可能会成为常态。这种常态可能要到在二级市场上市的股票足够多的时候才会消除，那时候人们基本上不能从打新股上赚到什么钱了。

不过新的新股申购办法更加有利于线下的申购投资机构。这是因为那些大机构既有足够高的股票市值，又有比一般投资者更优先的申购级别。对社保基金和公募基金来说就更是如此。不过让这类机构投资者在新股申购中获得更大的利益，本身就是一种制度设计。

公司人投资者如果也想从申购新股中赚点钱，最理性的方法是购买申购新股的理财产品，从平均概率上讲，那样做的收益率会好于自己参与申购。但是，如果申购对你来说没有附加成本，何乐而不为呢？不妨小赌怡情吧。

要买那些送股的公司么

便宜大概是投资中最重要的事，但是投资者应该分清，哪些才是便宜货。

关于投资的专栏之所以能写这么长时间，一方面是由于我的才华——这是个玩笑——更是由于投资中的很多问题包含了非常复杂和有趣的变化，而且它们往往与人的直觉相反。

比如大家对现金的态度。现金，也就是钱，是大家都想要的。它是流动性最强的投资品，但从长期来说，现金又是最差的投资品。由于通货膨胀的存在，投资现金的时间越长，投资者受到的损失就越大。

高流动性总是让人产生错觉：容易买卖的产品总是让人更喜欢。但从长期来说，流动性和投资收益基本呈反比——当然这要在同样价值评价下进行比较。

市场其实有自身防止泡沫的方式。这种方式很简单，就是投资品由于买的人多了而出现价格上涨。

高价格的东西，如果不是同时存在更高的通货膨胀，其流动性自然会下降。因为投资者手中的钱是有限的，高价格让人望而却步。能战胜这种高价格障碍的只有市场中流传的更好的预期。在这种强预期的作用下，人们会通过放大投资杠杆来抵消高价格造成的流动性影响。

在A股市场繁荣的时候，比如现在。很多股票的价格已经涨得很高了。管理层为了让自己公司的股票不受流动性的制约想出了很多办法，其中，分拆股票是最有效的。

其实拆股对投资者来说基本不应该有什么影响，这就像一个烧饼卖1块，半个烧饼卖5毛一样。在成语朝三暮四中，养猴人给猴子分栗子的案例中，猴子因为早晨吃3个还是4个栗子情绪产生了很大变化，对此我是不能理解的。不过在真实的股票市场上，投资者对半个烧饼卖5毛而兴高采烈的确有清晰的原因。

首先，拆股让股票价格看起来便宜了。这会导致更多的投资者，特别是钱比较少的那些投资者更容易参与到投资中来。其次，很多投资者根据经验猜测，拆分后的股票可能会被更多的投资者青睐，所以他们也参与到当中来。这样股票价格就上涨了。

虽然被分拆的股票价格短期内上涨的概率不小，但一般投资者反而不应该太亲近这种所谓“高送转”的股票。拆分股票既然没有给投资者带来价值，也对公司没什么影响，那么这个公司的管理者为什么要急着让自己公司的股票在短期内获得二级资本市场更高的股价呢？这并不是说利用流动性的公司一定是坏公司，但这应该引起投资者的警惕。

很多有经验的投资者让投资品成为“筹码”。在一个繁荣的投资市场，吸引更多的投资者参与其中，这个过程也是分散投资筹码的一个过程。如果一个市场上的筹码过于分散，那是这个市场上的投资品在一定阶段见顶的迹象之一。

出现这种价格瓶颈的原因可以从市场竞价的角度来解释。如果筹码集中在少数人的手中，而市场上的投资品需求者相对占多数，市场竞价会造成供需平衡倾向于卖方，所以投资品价格更容易上涨。而如果筹码过于分散，那么市场竞价机制就会更加倾向于买方，投资品的价格就会下跌。这种筹码原则不是市场见顶的必要条件条件，但筹码分散导致价格下跌的规律，除了在股票市场上应验，在其他投资品市场，甚至收藏品市场上也都有先例。这可以成为投资者判断市场情况的一个辅助条件。

最近我收到的读者和身边人最多的问题是——现在还可以投资股市吗？

我的感觉是，基于现在的市场情况，在同等的价值评价基础上，投资者应该投资那些流动性受到一些客观限制的投资品——这种限制不是指更高的投资成本，而是投资限制——流动性的限制造成这些投资品的市场价格受限，也造成它们还比较便宜。便宜大概是投资中最重要的事。

寻找真的垄断公司

投资具有垄断地位的公司会获得更好的收益，但要分清它们的真伪。

投资者在寻找怎样的公司？当然，最好是那些在其所在行业内具有垄断地位的。

在市场上具有垄断地位的公司和竞争激烈市场中的公司最大的差别在于它们的利润率。垄断型公司的利润率通常会比较高，即使原材料由于经济周期的原因价格上涨，垄断型公司也能把这种成本变化有效地转嫁到消费者或者下游公司身上。总之它们的利润率基本不会有太大变化。

而在竞争激烈的市场上，那些公司却做不到。如果这些公司的原材料上涨，那么正好是这个行业洗牌的机会。大量公司倒闭才会让继续坚持者看到更多盈利的希望。随着新的资本进入市场，竞争又会变得激烈，利润率会再次下降。

长期投资者肯定会因此做出明智的选择。

不过事情没那么简单，市场中的变化太多，它们需要投资者细心分辨。

我的一个记者曾经提过一个问题——“小浣熊”干脆面具有干脆面市场的垄断地位，但是这些年来这个产品基本没怎么涨价，而且似乎也没给它所在的公司带来高额利润。这是为什么?

这是个很有趣的问题。如果按照上边大家都知道的利润率规律，“小浣熊”这个垄断产品为什么没有随着基础粮油价格的上涨而卖出高价格，把成本转嫁到消费者身上呢?

问题出在“小浣熊”干脆面这种产品看起来处在一个垄断型的市场，其实却处在一个竞争激烈的市场。比如那些无聊的中学生，下课后生长荷尔蒙刺激着他们在吃晚饭前嘴里要嚼点什么东西。他们可以选择小浣熊，也可以选择薯片或者话梅。总而言之零食市场上的可选项多得很，小浣熊反而是这个市场上相对低端的产品。它如果要保持很棒的利润，对销售额来说无疑是场灾难。

小浣熊的问题相对来说比较好分辨。在众多市场上诸如此类的问题可能还要花掉投资者很多时间予以鉴别。

拥有伟大而且酷的垄断公司，几乎是所有投资者的希望。这造成了一个问题，那些所谓的伟大公司由于买的人太多而价格太贵。如果它们的生意稍微弱于市场预期，其二级市场的价格就会出现剧烈波动。这造就了众多高买低卖的投资者。

市场信息更加透明，让投资者寻找到值得投资公司需要更加复杂的分析。比如那些明显伟大的公司，伯克希尔-哈撒韦、Facebook 的溢价是不是太高了？另外，那些被认为可能因垄断而伟大的公司是不是会被“小概率”所伤害?

我所说的“小概率”概率并不小。它们历来是投资者的陷阱。这种可能因垄断而伟大的公司在货币泛滥的经济阶段比较容易出现。它们的特点是公司似乎做得很好，在市场上也具有垄断地位，但就是很难通过业务运行带来利润。比如伟大的亚马逊就是这样的公司，我相信好多人都忘了这家公司具有没利润这种属性。

在很多新行业也有这类公司，它们的旗号是“整个行业还处于跑马圈地阶段”。但是要命，有多大的地啊？真怀疑它们跑错了路。在技术主导的这些行业中，新旧更替剧烈，那些垄断而不盈利的公司会不会还没看到现金流就已经被淘汰了？这真是说不准的事。

在那本著名的《从0到1》里，彼得·蒂尔曾经对公司做过更认真的行业分类，对于长期投资者来讲这似乎也是很必要的。

在一些大行业中似乎没有垄断能力的公司，在细分行业中却具有垄断地位。其实这类有价值感的公司被埋藏起来主要是因为公司业务的繁杂和投资者想当然的思路。

当然，这也是投资乐趣的源泉。

在迷茫的市场怎么买股票

其实这一时刻正是敢于承受一点风险的投资者战胜市场的分水岭。

最近我参加了一个关于中国经济的论坛，各位经济学专家们都在痛说中国经济所面临的问题。他们说到了年代似乎很遥远的4万亿，美国伯南克的量化宽松，还有中国现在该如何向整个经济体系里放水。总而言之都是些悲观的论调。

另一方面，我也接触了几个掌管着大公司的大脑袋——这些公司的市值起码超过一千亿元——他们相对来说要乐观很多。普通投资者到底应该采信经济学家的论调还是大脑袋的看法？

按理说大脑袋的看法应验率应该高一些，因为他们更接近经济事实。但是这里还有个问题，大脑袋可能因为自己的言论而导致自身财富受益或者受损，所以他们有更大的说谎驱动力。他们的实话率到底有多少，又没办法量化。

这种市场预期环境大概每六到七年就会出现一次——看起来很像1998年时的状况。我们可以称它为市场的迷茫期。那么，在迷茫的市场上应该怎么投资呢？

1. 价值投资方式

我现在再说价值投资你还信吗？在今年7月之后，这个问题我问了身边的人10多次，统计结果并不乐观。其实投资者并不是厌恶价值投资，只是厌恶股票而已。

也许在中国市场上价值投资的方式并没有那么令人欣喜的结果，但是其他方式似乎还不如它。我对我认识的价值投资者做了小范围的统计，他们今年以来的投资平均收益率远高于市场平均水平，在今年7月的暴跌后这种差距更加明显。

这个小范围统计结果会让你对通过投资提高财富水平增加一点信心吗？

2. 低市值的股票

虽然经历了一个多月的暴跌，但还是建议投资者对低市值的股票保持比较高的警惕性。原因很简单，它们的相对价格还是比较高。最近这类股票的平均市盈率大概在80倍左右。

很多投资者喜欢这种“小巧”的投资品，也许是因为它们上涨和下跌的频率很高，这让人们更有机会从中套利。但是经过年中的股价波动，到底有多少人能达到想象中的机敏？可能有，但人数极少。从统计意义上讲，大多数人应该拒绝参加这种套利游戏。

很多人对低市值的股票寄予厚望的原因也有可能是，希望它们在未来的经济转型中有更好的表现。但事实是，低市值和是不是具有“新”经济特色并没有太多联系。

这些低市值公司很可能是小行业领域内的冠军，但继续变得无限大却相当困难。

3. “错误”行业中的好公司

我们总是会推荐这种公司。他们由于市场误认而卖得非常便宜。

这些公司被市场上大多数人认为有问题，导致了一种集体悲观。然后大家歇斯底里地抛售这类行业公司的股票。但事实和大多数人想的有很大差距，它们实际上还不错。

投资者们对这类公司的悲观情绪来自于对他们对宏观经济的整体判断。而就像我们前边说的，对宏观经济的判断是多么模糊啊，所以这种悲观造成的股价下跌也是模糊的。

在这些行业里有不少运营非常健康，在会计上却保守的企业。在行业不太景气的年头，它们的增长率下降，这正是投资者买入的时机。

当然，我所说的不包括那些周期性过强的行业，它们的风险太大了。

为什么经济那么差，股市还上涨

中国人有时候是挺矛盾的。大家一方面在公众信息平台上热衷于藐视和挑战政府与监管者的权威，但另一方面他们又对拥有权力者表现出极度的依赖。在股票市场上，这种表现就是投资者对所谓有关部门的政策方向表现出过于一致的乐观预期。

为什么中国经济这么差股市还使劲上涨？最近一个星期，这个问题我被问了5次。我密度如此之高地答复同一个问题，这是第二次。2010年世博会我去上海出差，同一天被警察问了3次，“身份证看一下，好吧？”

为什么经济下滑，而股市上涨？回答这个问题首先要撇除掉一种观念，我怀疑问这个问题的人也有这种想法：经济下滑，股市上涨，是投机者可笑的非理性造成的。很多中国人一谈到中国经济就冷笑，这些貌似聪明到什么都懂的人实际上毫无财经常识。投资者不要变成这种人也不要听信这种人的言论，他们只是一些无知的悲观者而已。其实任何市场肯定都存在非理性，从来不存在“正好”的市场。

现在开始正式回答。经济下滑，指的是什么？投资者投资股市又是以什么为最关键标的？现在中国的经济下滑是指GDP增速下滑。GDP是国内生产总值，如果把一个国家类比成一家公司，GDP

就类似于一家公司的销售额这个概念。而投资者投资股票的最关键标的其实是一家公司的净利润，也就是一家公司到底赚了多少钱。将股市中的这个指标放到宏观经济里就是把所有上市公司的净利润相加，得出一个公司利润的总和，这个数字其实和股票市场更相关。

从这可以看出，经济增速和股市上涨的对应是非常自由的，经济高速增长股市可能很差也可能很好，经济增长速度下降，股市可能很差也可能很好。一个比较明显的例子就是 1960 年代到 1980 年代的美国。

从 1964 年到 1981 年，美国的未经通胀调整的 GDP 年均增长率超过 8%（这个数字对于美国来说已经够高了），但是在此期间，道琼斯工业指数基本走了一个 U 型笑脸图案，在 1964 年 12 月 31 日是 874.12 点，到 1981 年 12 月 31 日是 875 点，基本没有上涨。相反，在 1980 年代余下的时间里，美国经济增速放缓，而道琼斯工业指数开始上涨，到 1990 年这个数字接近 3000 点。

你别误会，我只是说经济增长和股市之间的关系存在多种可能性，并不是说中国股市要和 1980 年代的美国一样。

当然，从常识来说，经济情况和股市之间还有差别。经济增长情况是对现值的统计，而股市增长是基于人们对公司情况的预期值。这两个数字中间有一个微妙的时间差。这个时间差可能很长也可能非常短暂，它的长短要看投资者普遍预期的权重放在什么地方。

一般来说，股票市场投资者的预期节奏是，先预期一下，然后过一阵再看看实际经济中的统计数字和自己的预期是不是相符，你可以把这种行为叫做“兑现”；然后再进行下一次预期。如此往复。这也就是为什么很多股市泡沫的破灭是由于某个差劲的公司暴露自己糟糕的运营情况造成的。比较难兑现的预期会造成经济或者公司的现实情况和股市热烈程度有比较大的差距，而且持续很长时间。1990年代末的网络泡沫就属于这种情况。另外，投资者关于所谓政策的预期也属于此类。

中国人有时候是挺矛盾的。大家一方面在公众信息平台上热衷于藐视和挑战政府与监管者的权威，但另一方面他们又对拥有权力者表现出极度的依赖。在股票市场上，这种表现就是投资者对所谓有关部门的政策方向表现出过于一致的乐观预期。其实，一种政策的制定只是允许某种行业可以做什么，而具体到这个行业是不是会获得平均的高利润率，行业中的某个公司会不会获得好的收益，政策只是个中性条件。

在股票市场上，证券分析师如果喜欢看上市公司的财务报表是挺悲催的事。在股市非常差的时候，你做什么财务分析投资者也懒得看，因为反正股价也不会上涨；而在另一种情况，股市非常棒，你和别人讲财务报表不仅没用而且让人讨厌。不过，如果投资者发现那些在电视上发表见解的分析师已经不再讲财务报表了，就该小心了。

巴菲特是怎么投资的

巴菲特投资苹果是不是意味着苹果就失去活力了，他的标准是什么？

巴菲特的投资看上去和别人有点不一样，比如对于苹果公司乃至于整个高科技界的态度。苹果公司最近公布的 2016 年第二季度净收益下跌了 13%，很多大投资者正在抛弃它，而巴菲特却花 10 亿美元从二级市场买进它的股票。

似乎在这些公司蒸蒸日上的时候巴菲特不会出手，而在这些公司似乎出了些问题了，巴菲特才开始那么做。IBM、今年第一季度的苹果公司，以及很可能买入的雅虎公司。从另一个角度说，高科技公司如果被巴菲特选中，是不是就说明它已经足够缺乏增长力了？

那么人们一直遵奉的股神是不是已经老糊涂了，以至于会买进那些别人抛弃的公司？可以肯定的是，没有。当然从另一方面，也不能说巴菲特买入的决策就是绝对真理（虽然买入苹果的提案不是巴菲特提出的，但肯定得到了他的肯定）。从巴菲特以前的投资记录看，他一贯如此。

伯克希尔·哈撒韦公司的投资大概分为四类：第一是烟头类型的；第二是芒格类型；第三是黄油球类型；第四类是冰淇淋类型。当然，偶尔，巴菲特也投机。

为什么叫烟头类型的投资？这个名字起源于巴菲特的老师本杰明·格雷厄姆。格雷厄姆倡导的投资方式类似于一个烟瘾很大的人如何不花钱就能抽到两口香烟的解决方案。比如，你可以跟着一个抽烟的人，当他进入 shopping mall 的时候会扔掉手里的烟头。这时候那个希望免费抽烟的人可以捡起烟头抽两口，虽然上边有别人的口水，但是是免费的（天呐，我写着都觉得有点恶心）。

类比到投资，就是你可以买入一家足够差的公司，但他的价格几乎等于白送，然后通过拆分打包把这家公司卖掉，享受烟头红利。但这里有个问题，就是“口水”。在那些足够差的公司，有很多剩余问题是很麻烦的（如果你做过公司里的开除人员劝勉工作，就知道我指的是什么）。

巴菲特投资过程中曾经遇到过几次这样的事，有一次巴菲特入主了一家风车厂，曾遭到镇上工人的暴力威胁。后来的所罗门兄弟公司的情况没那么直接，但也同样麻烦。巴菲特不喜欢那种和别人直接冲突的感觉，特别是到年龄大了以后他极其重视声誉。所以巴菲特的烟头投资是被升级了的二代烟头产品。

这些二代烟头公司的要求是，公司管理层还是很牛的人，虽然他们的业务看起来已经在衰落了。这家公司有着还不错的资产状况。当然，最重要的是价格便宜，这可以让投资者保有安全边界。也就是即使公司收益下跌，只要它慢于市场认为股价下跌所反映公司情况，那些低价买入者就有红利可享。

苹果在伯克希尔看来应该是这方面的 Top 1。比如库克是很棒的管理者；苹果的资产状况静态地说是棒极了，特别是苹果的现金，苹果在全球大概储备了2000亿美元的现金。这几乎占到了苹果总市值的40%（虽然这些现金在全球各地，运回美国要交很多的税。这也是苹果投资滴滴的原因吧）。现金意味着一个公司从衰落再发展到昂扬的可能性，其实苹果再次变得活力十足的可能性还是蛮大的。而这样的公司，苹果的市盈率只有十倍左右。

IBM也是这方面的典范，曾经的郭士纳和彭明盛都是杰出的管理者，而且不喜欢折腾。公司财务状况良好，有充裕的现金。即使拿2011年的巴菲特最开始投资股价计算，市盈率也只有16倍。更何况，IBM这些年来还一直在回购股票，这是巴菲特满意IBM的一个重要原因。

不过即使是升级的烟头投资也有风险，那就是科技类公司的变化率实在太高了。比如诺基亚和伊斯曼·柯达公司，他们变“坏”的速度令人吃惊——你很难保证IBM不是柯达。

在实际上，巴菲特的公司的利润主要来源并不是二代烟头投资法，而是来自于芒格投资法而买入的那些公司。那是一些发展非常棒的新公司，购买时的价格并不便宜，但这些公司的增长的趋势被认为更棒。这些公司可以被通俗地认为是成长型公司，但他们并不是一个劲烧钱才获得成长的那种类型，而是利润和市场占有率都在成长。这种投资思路和巴菲特的副手查理·芒格的想法更加更接近，就像巴菲特所说的，对于价值投资格雷厄姆的想法是“旧约”，而芒格的想法是“新约”，在伯克希尔·哈撒韦的盘子中，新约所占的比例要大的多。

芒格型投资的典范是：路博润公司，一家生产化学制剂的公司；伊斯卡公司，这是一家非常出色的以色列的工业用刀具公司。这些公司的特点是如果你不是业内人士就并不觉得如雷贯耳，也正是因为这样，他们并没有因为优秀而股价高得离谱。中国的比亚迪公司也应该属于这类投资，这家电池公司历尽波折，不过还是为巴菲特赚取了不错的二级市场收益。当然也有大家听说过的，比如富国银行，现在富国银行是美国盈利最好的商业银行，但是巴菲特投资这家公司已经26年了，年化收益率超过20%。

芒格型公司是伯克希尔·哈撒韦公司最主要的账面利润来源。但是，风险似乎也是最大的，对成长型公司的投资错误概率要远远大于那些烟头公司。这正是让大多数人想不通的地方。

这类公司里最失败的案例是关于一家位于缅因州的鞋业公司——Dexter鞋业。1993年巴菲特兴高采烈地用4亿多美元伯克希尔·哈撒韦公司的股票换股了Dexter鞋业的股票。而且巴菲特还在给股东的信中提醒大家Dexter鞋业与其他制鞋公司不同，以至于它可以抗击来自亚太和拉美制鞋者的竞争。但是从1995年Dexter鞋业就陷入亏损，由于价格竞争的不利，在十几年后它破产了。巴菲特在这次投资中可以说血本无归，而且，他还是换股投资的。按照巴菲特的算法，这次投资不是损失了4亿美元，而是4亿多股票，这些股票在今天大概值250亿美元。

黄油球这类公司现金获取能力很强，有很好的品牌优势，但是发展已经不那么快了。每当岁末拿到这些公司的分红，就像有机会在黄油球棒棒糖上舔了一口（当然，在这你要把黄油球糖被舔完的速度放慢一点，这里并没有他们越来越小的意思）。

1980年代，巴菲特最喜欢这类公司，那时候巴菲特还没有那么多钱，这些公司完美的分红计划就显得更加诱人。好时巧克力、吉列刀片还有波仙珠宝都是这种类型的好公司。

其实黄油球类公司最杰出的代表，巴菲特并没有购买。这家公司就是奥驰亚公司，我曾经在关于最赚钱的公司讨论中里提到过它。奥驰亚就是菲利普·莫里斯变的，他手里的王牌是万宝路香烟。之前 50 年，奥驰亚的年化收益其实要超过伯克希尔·哈撒韦公司。如果有投资者在 50 年前投资奥驰亚公司，并把公司的分红都再次投资它的股票的话，那么这个人的投资成绩将超过巴菲特 80%。至于巴菲特为什么没有投资奥驰亚公司，我也不清楚，很可能是出于道德考虑吧。如果你出钱支持一家生产导致人们上瘾并患癌症的公司，再有钱也是个坏富翁。

第四类，冰淇淋公司。我之所以称其为冰淇淋公司是因为自己的经历。

我很久以前喜欢的一个女孩。有一次我和她约会，她买了很多冰淇淋吃。我问，为什么？她说，小时候，她喜欢冰淇淋，爸妈不给买。现在，挣钱了，她就可以使劲吃了。如果那女孩漂亮的话，场面好萌，是吧。

巴菲特也有一些投资，是满足他类似这种冰淇淋心理的。

巴菲特是个有媒体情结的人，他喜欢发表自己的意见，也非常乐得大家喜欢他的见解，另外他小时候就当过《奥马哈世界先驱报》的报童。他后来收购了很多诸如此类的报纸，其中包括他青睐的《华盛顿邮报》和《奥马哈世界先驱报》。以及在 2011 年，他又以 1.42 亿美元收购了 Media General 旗下 63 份报纸。而这些小社区报是否真的像巴菲特当时预期的有盈利前景可能只有媒体人关注。在伯克希尔·哈撒韦 2012 年后的年报中他们的营收就没有单独列出过。因为那些数字即使出色，大概也只是整个集团的 1/10000。

第四章

房地产原来是这样的

人类经济发展史就是人类扎堆史

想要知道一个地区房地产的价格还会上涨吗？只要知道它在现有的经济水平下是不是完成了人们的聚集过程就可以了。

很多人都热衷于判断接下来中国的房地产价格，北京、上海的房地产价格还会涨吗？一般情况下，这是个非常难的问题，因为你很难找到一个比较确定的坐标来判断，那我们不妨换个角度看。

从大历史的角度看人类的生活方式是怎样的。

在很久以前，人们从本能出发，从事狩猎和采集生产。那时候要养活一家四五口人（当然那时“家庭”规模并不只四五口人），需要二十多平方公里土地。为什么要那么多呢？因为要打野兽啊——人们追一只受伤的鹿相当于在 3600 个足球场上奔跑。这还是在人类已经发明了投掷武器和长矛之后，而一只孟加拉虎的领地范围多达一百平方公里。

按这个需求量衡量，中国大概只能住下 180 万人，上海只能住下 900 人，这个数字都赶不上你住的小区吧。

人类生活方式的一次大飞跃是从采猎社会到农耕社会，一家人生活所需的土地面积从二十多平方公里缩小到0.3平方公里左右。大概缩小到了1／100。这对大多数人来说是个好事。因为如果你没能在3600个足球场之内追到那头鹿也不至于饿死了。另外，也不用为了多生一个小孩就要想办法干掉你的邻居。

0.3平方公里，你很可能把这个面积想得过小了，它是30万平方米。而一个传统的工人，大概只需要200平方米的工作空间，再加上他一家人居住的房子，也就300平方米。到了工业时代，养活一家人所需要的平均面积缩小到原来的1／1000。从人类必须拥有面积的变化来说，工业革命也许是人类历史上最伟大的革命。

再到后来，人们养活一家人所需要的土地面积持续缩小，这时人们学会盖楼，土地使用效率增加了。总体来说，从人围着足球场追野兽，到他们在办公室的格子间里写PPT，一个工作的人养活自己所需要的面积缩小到了约百万分之一。其实不止是这样，人类现在的平均生活水平远远好于农耕时代的一个国王。比如，到东汉蔡伦才发明了纸，这种新玩意推广开又花了很长时间，因此在相当漫长的时间里，人们用一种非常“残忍”的方式擦屁股。

人养活自己以及家庭所必需的土地面积越来越小，这为人们逐渐扎堆的生活方式创造了条件。总的来看，人类的生活方式是越来越扎堆的。人口总数越来越多，那些大城市容纳的人口也越来越多。

其实，几千年来增加的社会人口，在农村的很有限，增量基本都来自那些超级大城市。一千年前，人口超过10万的城市没有几个，而现在，某个城市人口超过千万也并不令人吃惊。

只要经济体系支撑得住，人们倾向于一个适于生活的地方能住多少人就住多少人。这从一个侧面也表明了一件事，计划经济不那么高效的一个原因是它阻止了人们的扎堆行为，或者说这种生产组织方式不知道应该怎么组织人们扎堆到什么地方。僵化的管理者总是倾向于让人口均匀地分散到广大土地的各个角落，这真是愚不可及。

想要判断一个地方的房地产价格是否还会上涨，只要知道它在现有的经济水平下是不是已经完成人的聚集过程就行了。中国的这一过程显然还没有完成，人们还在不断向超级和一线城市集中。户口的管制作用只是让这个过程变慢。

原先人们以为互联网的普遍使用会让大城市衰落，从理论上看这似乎有道理，但预言家们忽略了一个要素，那就是竞争。城市根本没有变小，中国的大城市在互联网广泛应用前后，居民规模大概增长了50%，房屋价格增长了10倍左右。

只要人类的扎堆史没有结束，那么那些超级城市的房地产价格从长期来看就会上涨。没办法，人类就是个喜欢扎堆的物种。

等“崩盘”大概是件低性价比的事

即使崩盘来了，等待者还是买不起房，另外，他也没有爱情。

自从 2015 年下半年以来，中国的一线和很多二线城市的房地产价格暴涨。这导致很多小情侣的争论焦点都跑到要不要马上买房这个问题上来。因为房屋的购买涉及巨大的财务问题、双方的财务投入，以及双方家庭的财务较量，他们中甚至有不少因此分手了。

造成这种分手的原因可能是，根据中国习俗，一对情侣，男方要负责买房子（也有例外，据说温州就不是这样，真是个好地方）。女方，不论是情侣中的女孩还是女孩的家庭，都会催促男方赶快把这部分责任变现到男女双方的共同财产中，男方的家庭对此则表示谨慎。

另外一个原因是，很多男性普遍表现得更加理性。他们大多数认为中国房地产的价格，特别是一些房地产的价格太高了。“很有可能崩盘。”他们很认同这种看法。在中国几个超级城市中并不拥有房产的人对中国经济的前景看法更加悲观，甚至还有点盼着这种

"崩盘"早点到来。

一些关注房地产领域的研究者很早就给过人们警告了，房地产要崩盘了这种言论从2000年代初就有。这种说法从那以后年年都有，但是几乎没有灵验过。但是我敢肯定，他们说的是对的。世上从来不存在价格只上涨而不下跌的东西，更何况是在中国，这个尤其情绪化的经济体里。说房地产崩盘的言论总会说准一回，只是不知道在什么时间。

这有点像我一个小学同学家一台坏了的老式小鸟报时钟，不论几点整，那个小鸟都会"咕咕咕"叫三声，一天里总有两次它叫的是对的。

让一个利益格局中人预测房地产的变化周期是非常困难的，在中国比美国更加困难。这是因为美国爆发性的增长在1900年后就过去了，而中国最近二十年才刚刚开始。从理论上说，绝大多数人是做不到这一点的——因为大多数人做到了，房地产崩盘也就不存在了。那么，假如一个可怜的人，他在崩盘爆发前正好买了一套住房，他将面临多大的损失？这要看他身处哪类经济体。

一类是他刚好在日本。日本的房地产在1990年代达到顶峰之后就没有上涨过。在它的最繁荣地区，濑户内海地区，房地产价格最多下跌了70%。这的确很令人伤心，因为经过二十多年的变化演变出来的这个数字基本和现在中国一线城市房地产贷款的一些数字吻合。你以30%的首付，贷款20年买了一套房，当20年后你把大部分收入都还了贷款后发现，房价和你当初付的首付价格一样。那么这20年来你都做了什么——多么没意义的人生啊。

如果这个买房人在美国，即使他足够倒霉，在危机发生前置办了一处房子，在危机最严酷的时候，他的账面损失也就是30%。而且从长远来看，房地产的增值水平基本与通货膨胀的增长一致，也就是说房地产是抵御通货膨胀的一个好武器。

为什么日本和美国的房地产有这么大的差异？这和两个经济体的体量以及移民观念有关。对移民持保守态度、经济体量也更小的日本经济很容易就达到了饱和状态（当然，日本这种经济体也有好的一面，它有良好的社会秩序）。

中国当然更像美国（说实话，我们是个崇美国家）。结构化的经济发展让那些超级城市具有很大的发展潜力。所谓的房地产价格“崩盘”发生在三线和三线以下城市的概率要远大于在一线城市的概率。

如果一个人生活工作在中国的一线城市，他等待“崩盘”其实很可能是一件性价比偏低的事。因为他在结束了 3 段由于房地产走势判断差异的糟糕恋情后，终于等到了房地产价格大幅度下降。很可能由于这种下降远远赶不上他想象中的剧烈，他还是买不起房子，而且依然没有爱情。

为什么北京房价是重庆的 8 倍

从数据上看怎么都觉得不合理，但这个事实就是这么存在着。

我在中秋期间回了趟第二故乡重庆。亲戚朋友们见面，说话口音变了，菜的辣度增加了，但内容最后还是回归到房子上来。这是个令人焦虑的话题。

说实话，重庆的居民小区，房屋质量普遍比北京要好，物业水平也强很多。但是从平均价格看，北京大概是重庆的 8 倍。这个价格比相对还是不夸张的，北京（2016 年）8 月的平均成交房价近 50000 / 平方米——针对的是全北京范围，而重庆的成交房价则只是控制了重庆几个相对“发达”的区（当然，重庆说是一个市，但面积、人口都能赶上一个省，控制主要城区的房价更加合理）。

造成这种巨大差距的时间在 2011 年到 2012 年，从那时候到现在，北京的房价几乎翻了一倍，而重庆的房价几乎没变，很多地区甚至下跌了不少。这种下跌很大的原因是，重庆这个城市正在迅速把重心从原来的长江码头转移到更北部去，而部分老城区的房屋价格下跌了。

为什么北京的房价比重庆的高那么多?

北京的人均GDP大概是重庆的两倍，而GDP的增长速度还不如重庆(特别是近两年,重庆的GDP增长率都是全国大城市的首位)。如果说GDP不能反映居民的财富水平，那么从两地的人均可支配收入看，这种8倍的差距也很“神奇”。北京2015年的人均可支配收入大概是重庆的1.7倍，两地这项指标的增长率基本一致。

有人分析认为是重庆的房地产库存过多造成其价格远远低于北京等地区。如果这些人真的看到统计数据，会吓一大跳，因为真实情况并不是他们想的那样。从库存面积比年销售面积来看，北京的房地产库存要高于重庆，北京大概要卖9至10年，而重庆大概卖6年多就差不多了。

从房地产的广义库存来看也是这样（房地产的广义库存就是把在建和待售项目的面积都算进去），北京在全国大城市里排在第一位，重庆则处在中游水平。还有很多人认为重庆这种城市库存巨大的主要原因是他们看到重庆的房价并没有上涨，但房地产建设和销售还在继续。但实际上这个逻辑反了：是因为大家的购买欲望不那么强烈，才显得房子多。几乎所有的数据都不支持北京的房价是重庆的8倍，但这个事实就摆在那里，而且它并不是由于少部分人的意见所形成的——这可能正是人类主观逻辑中有趣的部分。

从居民收入来看，北京只是重庆的1.7倍，但在人口没有流动门槛的情况下，这种收入差距有非常大的吸引力。虽然北京的房屋租赁和购买成本要远高于重庆，但是更多的人会更关注收益而忽视成本。收入差距1.7倍造成的居住成本差距要大于1.7倍，在中国这样的人口基数下，这种杠杆效应会更明显。

那么北京的劳动力更加集中为什么没有引起斯密说的“看不见的手”发挥作用，从而导致北京劳动力收入下降呢？这是因为劳动力集中的地区也引发了公司集中。这些公司在北京可以找到更高性价比的员工，它们为“北京人”提供了更多的岗位。所以聚集在北京的劳动力价格并没有因为聚集而下降，反而他们获得跳升性收入的机会相对重庆会更多（跳升性收入就是收入忽然大幅度提升）。

人们并没有靠统计计算出跳升性收入产生的概率，而是通过口耳相传。口耳相传比统计数据更容易描述传奇故事，这增加了北京的吸引力。这种吸引力在经济不那么好的时候更加巨大。

当然，北京的房地产价格远高于重庆还有一部分来自于索罗斯所说的“反身性”，也就是很多投资者正是因为北京的房价高才买北京的房产的。这种市场的“反身性”和北京这种城市比较的高收入互为印证，这大概就是北京房价巨高的原因吧。

宜居城市悖论

大多数宜居城市的评选标准莫名其妙，也给不了你什么指导。

哪里是最宜居的城市？这是个富有意趣而且争议性非常大的话题。很多智库和数据公司以这种评价作为自己的拳头产品。经济学人智库的全球宜居指数应该是比较有影响力的一款。据说这个指数的评分包括以下5类指标：稳定、医疗、文化及环境、教育、基建。

最近，经济学人智库又公布了最新一期评选。香港在大中华地区排名最高，总排行第43位。

天呐，它是怎么评价这些城市的！我在香港生活过一段时间，公司为我们几个人在中环租了间宿舍。宿舍价格很贵，但是面积只有中国一般家庭的厕所那么大。有空调，是窗式的，那个东西开起来动静像洗衣机甩干时那么大。如果你干脆把空调关了，打开窗户，会发现外边的马路上总是在施工。我们曾经找那些施工的印度佬商量，他们的回答基本意思是：便宜的房子环境就这样。

再加上香港潮湿的天气和昂贵的物价，当时，我对香港的感觉是：地狱。从感性上来说，我不知道经济学人智库是怎么评选的，他们真的在那些被他们褒贬的城市感受过吗？

这里有个大问题，当时我们在中环的房租是9000港元，2006年，这个价格经过汇率兑换，在北京是天价，而在中环只能换来“廉租屋”。很可能，世界上任何一个大城市对于外来的“穷人”都是地狱。我对香港的评价可能存在很大偏见。

但是，问题又来了，宜居城市如果只是对有钱人才有意义，那么宜居城市毫无评选意义。这是因为如果你提出在哪个城市生活得不够舒服，那就说明你还没有达到“适合”在那里生活的富裕程度。所以，所有城市的宜居程度几乎是一样的。我们先把这个看法称为宜居城市悖论吧。

那么，把这个“悖论”升级一下，可以作为宜居城市的定义吗？这种升级就是，寻找一条人们感到舒适的界限，然后把感到这种舒适的临界平均财富水平计算出来。达到这种舒适度所需要的财富水平越低，说明这个城市越宜居（因为舒适度价格低就有更多的人能感到幸福）。

然而并不是。感觉到舒适和感觉到幸福这些字眼非常模糊。根据曾经获诺贝尔经济学奖的安格斯·迪顿的数据，在南美（比如现在刚举办完奥运会的巴西）和东南亚的一些海岛地区，人们普遍比其他地区的幸福感更高，“万幸的”是，这些地区的生活成本并不高。

如果真的按照上边所说的逻辑，最宜居的城市肯定应该在这个群落里诞生。但是相对来说，这些地区经常发生社会结构的剧烈变革，医疗也不先进，有时候治安还有点乱。如果哪个机构把这些地方评为最宜居的，似乎怎么也说不过去。

再反过来看一下，经济学人智库等机构评选的最宜居城市，很多在加拿大和澳洲，这些城市往往属于那种发达市场地区的“荒野孤城”——它们属于发达市场经济体，并不是纽约那种大城市，却处于发达的社会保障体系中。

但是，这些城市的规模和社会结构都只能让本地人感觉到舒服而不能接纳移民。逻辑往往还是相反的——正是因为没有人移民到这些城市（有时候是这些城市主动地控制移民），这些地方才足够宜居。

找到最宜居的城市有什么用，对大多数人来讲，就是在获得了还过得去的自由之后有地方轻松愉悦地过完一生。但是，一个地方很宜居，却不让你去，它的宜居还有意义吗？

在中国也有本土的宜居城市评选，它们的标准很多更是莫名其妙。那种评选中影响力比较大的只能引起各个城市贴吧里人们的互相谩骂而已。

为什么以房养老是件不靠谱的事

用房屋反向抵押得到现金流养老效用非常低，但它会让子女对父母好一点。

不知道是我朋友圈的问题，还是真的——最近大家都在讨论男女不平等的问题。比如这涉及一个性感的女演员被推下游泳池的事。说男女不平等的人认为这是中国男性无视女性尊严的自然外露。怎么说呢，我参加过一次婚礼，看到新娘的几个女同事拿着一杯混了蚕豆那么大一块芥末的白酒，强迫新郎喝下去。当时一帮女孩在笑，新郎则吐了一地……

我想说，这种偶然事件和男女平等一点关系都没有。有真正存在的不平等吗？有。它们隐藏在那些其他地方。比如，这两天又被翻出来的以房养老的事。据说是要扩大以房养老城市的范围。原来的这一范围是北京、上海、广州和武汉。不知道这个不靠谱的想法还要扩大到哪儿去。

以房养老到底是什么？

当然了，政府推广以房养老并不是强迫老头、老太太把房子交出来，而是通过保险公司开展一项住房反向抵押的业务。这项业务的基本概念就是，老人把房子抵押给保险公司，同时可以继续住在已经抵押的房子里。保险公司接受抵押，每个月向老人发放一定的现金。老人故去后，房子的产权归保险公司所有。

听起来这个产品具有很强的合理性，而且有利于解决老年人生活给社会造成的负担。但这件事落到具体实施层面，就变成了“放狗屁”的事。它的不受欢迎程度令人发指，自从 2014 年推出后，现在全国只有四户五个老人购买了这项业务。

原因很简单，保险公司每月给那些老人的钱太少了。现在唯一一家开展这项业务的公司是幸福人寿保险公司。根据其制定的《幸福房来宝老年人住房反向抵押养老保险（A 款）》条款，如果将一套 100 万元的住宅（100 万元是保险公司的估值，而市场售价一般可以到 120 万元）抵押给保险公司——一个 60 岁的老头，一直活到 85 岁，每个月他只能拿到 2514 元，这还是没有刨除相关费用的数字；而 60 岁的女性，也活到 85 岁，那么她每个月只能拿到 2082 元——看，歧视女性的不是男性，而是保险公司。为什么女性拿得更少？主要原因是女性活得更长。如果上边所说的老人在 70 岁才购买了这款保险，那么他们每个月能拿到的分别也只有 3734 元和 3209 元。

为什么这种保险给老人的钱这么少？大家可以计算一下，如果这个老人干脆把房子卖掉，能拿到 120 万元的现金，每年的利息按 3.5% 计算，大概有 4.2 万元。这几乎已经等于老人的房租和保险公司提供的现金。而且 25 年后卖房所得的 120 万元本金依然存在。

这个算法说明什么？保险公司在这项养老计划中起到的作用是负数。它们从老人那儿拿走了 120 万，却什么服务也没有提供。

这种保险有很多小众保险的一个通病，就是把自己的利润设计得太高。这里有一个死循环——利润越高的保险越没人买，越没人买的保险由于不能形成规模效应公司就把利润率设计得越高。

更严重的是，这种业务还有一定的道德风险。保险公司其实是盼着老人早点死的，因为老人早死就可以少付钱且早拿到房产。这和人寿保险不一样，保险公司和保险人都希望买保险那个人活得长点。

不过别担心，绝大多数老人还不愿意购买这项业务，而会把房产留给子女的。但这个业务还是有正面作用的，就是老人觉得儿女不够关心自己了，就可以对他们说：我要做反向抵押，我要做反向抵押。这有点像，子女小时候愿望没有满足的就会对父母说，我要离家出走，我要离家出走。

有这种业务威胁遗产获得，子女会更关心他们老年的父母一点。

第五章

结婚是理财中最重要的事

>>>>>>>

为什么我把太太拖累死了?

买房子错过了机会，出国移民也不肯，我被你拖累死了——这是很多女士对丈夫的埋怨吧，在那些循规蹈矩的中产阶级家庭。

在北京、上海这些城市房地产价格使劲上涨的背景下，你意识到你太太语言体系的变化了吗?

“你看，我说 ××× 的房子会涨价吧！”“要是听我的，咱们在上海也买一房子就赚了！”“买房子错过了机会，出国移民你也不肯，我快被你拖死了！！！”

通过我在自己家的统计，最后一句太常见了。当然，在一个家庭中，每个强有力的女主人都是伟大的预言家。她学过跆拳道，所以，对于我来说，她什么都能预测准。

我调查了一下，不只在我家，在其他家庭中也类似，家庭主妇们喜欢预言，而且“被你拖死了”句式用得最多。这些女士的怨恨逻辑是这样的: 我们要再有一套房子就可以比其他很多人都富有了；但我们没有更多的房子；在 3 年前房子便宜的时候我们要是买了的话就可以比现在更富有；但 3 年前，我们为什么没买房子呢；我似乎早就说过要买房子的；好像是我的丈夫当初没有同意买房子的事；我们没有更富有的原因是由于我丈夫的愚蠢。

也许那些不会跆拳道的女士并没有她们想象的那么有预见性。关于这个问题我还咨询了心理学专业人士，这种预测有点像所谓的“巴纳姆”效应的自我应用。

实际上，一般人都会对未来做若干判断。比如说一个股票分析师，他会预测未来若干股票的涨跌情况，之后，他会更容易记得自己说对了的预测，而偏向于忘却说错了的。这种选择性失忆也可能出现在人们对于自己梦境的解释中。

太太们对未来的预测准确率非常高（起码她们自己是这么认为的）的原因就是这种心理现象。她们不是先有靶心再射击，而是找到自己射击子弹落地的地方，然后去画个靶心。

解决太太们预言家式的抱怨有一个小方法，那就是在家里比较显眼的一面墙上钉一块小黑板，她预言什么就让她写在黑板上，这样就可以验证她的预言准确率了。

当然，我相信，造成太太们“逆向归因”的现实原因是，在中国的超级城市中，中产阶层的竞争压力太大了。大家在拼命赚钱，希望自己和下一代能过得比别人稍好一点，绞尽脑汁却又实在找不出什么特别有效的方法。但是，你身边的朋友，她们家在房价上涨之前买了一套房子；她的丈夫升职了，而你的丈夫还在基层打拼；另外，你亲戚家的房子拆迁了；你表姐的小孩上的幼儿园是三语的，而你的孩子只上了两语半的……总而言之，你的熟人现在可能过得比你好。这种焦虑，我们称之为 A 类焦虑。

另外，面对那些焦虑的话题：和颐酒店的女孩被陌生男子强行拉拽；以及，糟糕的公共秩序；让小孩在在飞机客舱里撒尿的熊家长以及那个熊孩子……人们很难不会设想如果这些事情发生在自己身上时应该怎么办，但大部分设想是没有答案的。这种焦虑，我们称之为B类焦虑。

解决A类焦虑的办法是，拥有比原来更多的财富；解决B类焦虑的办法是，生活在一个更好的社会环境里——这两个问题加起来，你听到最多的就是太太们对丈夫用得最多的那句抱怨。

怎么最有效地解决抱怨的根源，除了多看看《第一财经周刊》，目前我还没有更好的建议。

不过，如果你的家庭当初选择的是另一条家庭财富的“未择之路”，到底生活会更好还是更糟，真的很难判断。你当初不做你现在以为正确的那种选择，是有原因的。它可能是，你当时的现金流不够宽裕才没有再买一套房；或者你预测房价可能下跌，准备再看看；也许当初你出国了，现在还狼狈得找不到工作……谁知道呢？只不过现在你对那些原因已经记不清了，只想着当初如果那样选择现在会有什么好处。

没房子就别结婚？

从生物进化的角度说，人类是越来越喜欢拥有自己的房产的，因为没有房产的男性没有女性愿意和他们结婚，结果他们灭绝了。

“没房子就不结婚！”这种价值观或者说婚姻观你认同吗？这种看似庸俗的看法在中国超级城市的公司人中越来越流行。这个问题让我想起，十几年前，我对这种判断持抵触态度，并且力劝我的女朋友和我一起“移风易俗”——我希望和她租房结婚。但也是从那以后，我知道，以一个人的想法来改变风俗是一件很蠢的事。

我和前同事们就这个话题做了个调查——你认同“没房子就不结婚”吗？我们的调查对象是在北京、上海、深圳这样的大城市中生活和工作的公司人。我喜欢这种调查，它可以让人更明白一个道理——理财就是生活。如果你认为，没有房子就不能结婚这个判断是正确的，你根本没必要觉得自己的看法庸俗。因为，根据我们的调查结果，在这些超级城市中，认同这种判断的比例达 90.9%——人们更喜欢拥有房产，这是一种常态。

现在的女性，都很实际的。她们更希望和一个有房产的男性共同生活——如果她们决定结婚的话。你知道她们在相亲过程中最想问而又难以启齿的问题是什么吗？你别想歪了，不是关于性的问题！她们最想了解对方关于住房的种种情况。比如，要不要和对方的父母在同一套住房中生活；对方是不是拥有房屋完全的所有权；或者房屋是否要继续还款。而这种问题直接问出来又好像不太礼貌。一个女性分享的经验是，她询问对方饲养宠物的状况，通过这种线索，可以知道很多信息……这听起来太带套路感，但据说很有效。

有一点是出乎人意料的，在接受调查的人中，男性认同没房就不结婚的比例实际上要高于女性。说这有点奇怪的意思你可以明白吧？中国的风俗是，婚房由男方购买（或者大部分由男方出资）。男性认同“没房子就不结婚”的比例是95.0%，而女性的认同比例是87.5%。

男性更认同买了房才可以结婚（如果说我们的调查还算有效的话），这个现象有点像达尔文提出的生物性选择理论。例如，雄性孔雀有条美丽的大尾巴，尾巴如此之大，既不利于节省能量，又不利于保护自己的安全，但有一条大尾巴的雄性孔雀更能吸引雌性孔雀——雌性孔雀认为，有大尾巴的雄性孔雀更强壮、基因更优良。所以，雄性孔雀越进化，尾巴越大。而人类男性在新组建家庭前必须买房的价值观，也有这种意思。

从生物进化的角度说，人类是越来越喜欢拥有自己的房产的，因为没有房产的男性没有女性愿意和他们结婚，结果他们灭绝了——当然，这是个玩笑。

所谓的“90后”会“清纯”些吗？相比“70后”人群他们会不会觉得房子并不是必需品？并不是。对房产持放任态度的人，大多是“70后”。接受调查的1990年以后出生、已经开始工作的公司人百分百认同房产的重要性。这种调查虽然并不一定严谨，但是对那种“90后”根本不喜欢买房的说法根本是放屁可以起到佐证的作用。

为什么一部分35岁以上的公司人反而认为房产并非那么必要，这可能跟他们青春期所受的教育有关。其次，这次调查的“70后”基本都是那些大城市的土著，他们对受迫于房屋价格的印象不深。

不管怎么说，中国超级城市的婚姻已经被房子主导了，不用我细说，其中有千般的不好。但是，如果你是个乐观主义者，也能从中看到亮点。超级城市公司人的婚恋观更多依赖于房子，这对男女平等有利。现代社会竞争，局面对男性更有力，他们更容易在工作中获得更多财富。而房屋价格的暴涨让竞争胜利者威风扫地——女性娘家的一套房子可以平抑掉几个男性一辈子的努力。此所谓，你有张良计，我有过墙梯。

男女到底谁该管钱

讨论谁更会理财是扯淡的事，这其实是个权力问题。

在家庭中到底该由谁来管钱，妻子还是丈夫？这是一个读者来信问的。这个问题看起来简单，但实际上挺复杂。

很多人会误把这个问题看成是性别问题，比如是男性更适合管钱还是女性更适合管钱。一个著名的用户创造内容的网站所推送的内容里就有这一条，其中有一个非常受推崇的回答是，女性更适合在家庭中做财务管理和决策。

作者提出了两个理由，一个是在美国的投资经理中，女性经理的成绩要好于平均投资成绩。另一个是，美国女性普通股票投资者的投资交易频率比男性要低。

说实话，这两个证据都存在非常典型的统计学误会，值得说一说。

首先，美国的对冲基金经理占总人口比例的多少呢？大概是几十万分之一，而其中女性基金经理更是少之又少，大概只有基金经理总数的1／5。这种极少数人对男女两性这种大群体就基本要素的比较是无意义的。

这么说也许太抽象，举个更通俗的例子：王健林家族比日本首富柳井正有钱，你不能因此就说中国人的平均财富比日本人的要多。退一步讲，在那些对冲基金里，很多基金经理会做很多冒险的事，而且是拿别人的钱。管别人的钱和管自己的钱根本不是一回事。

再来说说“女性的交易不频繁”这件事，在相关统计中，女性交易者的交易频率只比男性少1%左右。这种差距，在统计学上称为显示不出“有效性”的差距。就像在新药试验里如果服药的人只比不服药的人多康复了1%或者2%，那么这种药本质上和白开水差不多。

而且据我所知，男女交易者的习惯正好相反，女性投资者更喜欢频繁交易，也更容易受一些意外信息影响。男性投资者更沉稳，女性则相对感性一些，起码在中国是这样的。

既然女性在理财方面没有优势，那为什么中国会有把钱交给女性统一管理的传统沿袭呢？这很简单，因为钱少。对大多数家庭来说，只有对钱做统一管理才可能维持生活，这也从某方面避免了在外挣钱的男性花天酒地的机会——那样是很花钱的，会影响到一家人的吃饭问题。

这种把一家子的钱集中起来管理的方式一直延续到2000年代才出现松动的可能。从那时候开始人们有了更多的积蓄，维持一个家庭运营的费用占人们当月收入的比例越来越小，这和恩格尔系数有一定关系，但又不全是。另外，人们也有了更多的工作之余的时间。

这种情况出现以后，一个家庭如果只是简单地把钱交给主妇管理，可能会变成一件挺糟糕的事。其实我的熟人中就有这种情况：

女主人在家带小孩并管理家庭的收入和支出，她要求男主人的所有支出都要向她提出申请，并且每天定时回家。而那个丈夫选择了用各种谎话和藏钱来应付妻子的监管。想来这真的是一种痛苦的生活状态，他们后来还是离婚了。

一个家庭在金钱和时间都没有剩余的情况下，更多的人会认同把钱交给更有空闲的一方，比如妻子。这是因为钱交给谁都是一样的，它只是为了让整个生活得以维持，放在谁的钱包里差别很小。但是在收入比较高的富裕阶段，钱交给谁差别就大了，这需要重新谈判，而不能简单地依照传统来。这绝对不是我大男子主义，而是从维持一个家庭的稳定的角度出发的建议。

这种谈判也许没有一个合适的解决方案，那么在此之前就各花各的吧。讨论谁更会理财是扯淡的事，这其实是个权力问题。

为什么人们结婚越来越晚

如果想早点结婚，那么应该去一个房地产更便宜的城市，或者等着经济增速变慢。

最近看了一篇关于女性晚婚的评论，那位晚婚女士在文章中不断地给晚婚女性打鸡血，但是最后显示作者只有 27 岁。这真让把作者想象成“老娘们儿”的人失望。27 岁其实只相当于中国超级城市中女性公司人的平均初婚年龄。虽然这比 20 年前的数字大约上涨了 7 岁。

如果把 27 岁放到世界上比较富裕的经济体去比较（不包括穆斯林国家），这就更是个含苞待放的年龄。发达国家的女性初婚平均年龄已经接近 30 岁了。自从 1970 年代以来，人们初婚年龄就在迅速增长。所以 30 岁左右的人，甚至是女性，根本用不着那么着急。因为大家都还单着呢，较晚结婚已经成为一种风俗。

人们的初婚年龄为什么越来越大，婚姻市场出了什么问题？我为此关注了若干个大龄未婚女青年——相信我，我是因为关注婚姻市场才关注这些女士的——全球初婚年龄上涨大概是由于两个基础性问题。

一个是人们用更多的时间接受教育。生存能力的复杂性要求人们相对于以前接受更多年的教育才有可能参与到社会竞争中去，这造成人们在经济上更晚获得独立，也挤占了人们走进婚姻的年龄。

另一个原因是，婚姻的功能性在不断减弱，大部分已婚人士能干的事，未婚人士也照样能干，既然如此，为什么还要结婚呢？过去，结婚的一个主要功能是合法享受性爱和获得生育下一代的官方认证。而现在这还有多大意义呢？在中国，年轻人第一次享受性爱的平均年龄几乎已经与初婚年龄没有什么线性关系了。而在欧洲，非婚生子占新生儿的比率和婚生子差不多。

在中国，特别是在那些超级城市中，公司人的平均初婚年龄上涨速度非常快，当然还有它的独特之处。

中国的独特之处之一是经济高速发展造成房地产价格迅速上涨，这让婚姻市场的成交价格攀升。有著名房地产商说是中国的婚姻推高了房地产价格，其实是把原因和结果弄反了。也不单是在中国，在各地，昂贵的房地产和初婚年龄都是正相关问题。在房地产价格非常贵的城市，比如东京、首尔，人们的初婚年龄尤其高。此外，高速发展的经济造成社会结构变化很快，这也让中国超级城市中人们的禀赋效应尤其明显。

“禀赋效应”是个行为金融学名词，简单地解释一下就是，人们对同一件东西的价值判断往往会有巨大差异，如果这件东西的所有权属于自己，就会认为它很有价值，如果所有权不属于自己，那么对其价值判断就会大打折扣。

最明显的一个例子就是人们对吐唾沫的态度。谁都不会厌恶自己嘴里的唾沫，但如果让你把唾沫吐到个玻璃杯里，然后再喝掉它，

即使那个玻璃杯非常干净，怎么样？（我这么写都觉得有点恶心）

那些大龄未婚但还希望结婚的人大部分都表现出比较强的禀赋效应。在婚姻市场上，他们对自己婚姻的出价比别人给他的出价要高，而看待同样的大龄未婚异性的婚姻价值判断则偏低。人们的这种判断差异来自于对风险的厌恶，对维持现状的一种偏爱。这种禀赋效应反映在现实的婚姻市场上，就是很多人所秉持的“宁缺毋滥”原则。

如果一个局域社会中，社会结构新旧更迭过快，人群的禀赋效应就会增强。而大龄婚姻市场也会因此倾向交易清淡。中国近几十年正是这样的情况。因此，如何解决大龄未婚人群的问题呢？我有两个解决方案。一个是到一个房地产更加便宜或者社会更迭相对更慢的局域社会去。但这个建议似乎并不成功，我曾经对两个有此问题的女士提到，她们可以去二级城市去试一试运气，都遭到她们极不友好的对待。

或者，可以等待现在中国经济的新常态效应。新常态是会让社会系统更迭变慢的，那样，人们的禀赋效应将会减弱，这对于大龄渴望结婚的人来说是件好事。

应该说，金钱造就了爱情

个人财富相对于爱情的作用有点像养猪吃猪肉相对于猪种群的意义一样。

在一个家庭中，男人到底该挣多少钱?

这个问题我们在2009年曾经探讨过。男女收入比例大概是1.3到1.5比1。最近几年，关于这个问题的研究有了新的进展。美国康涅狄格大学社会系教授克里斯汀·蒙施（Christin Munsch）在2003年到2011年之间，分析了2750名18岁至32岁的已婚男女的婚姻和收入状况。

数据显示，在一个美国家庭中，男女收入比例在7 : 3时，婚姻最稳定。如果男女收入比例差距过大，无论女性是家庭妇女还是男性“吃软饭”，夫妻都更容易出现出轨情况。这里有个比较令人意外的情况，最喜欢出轨的一个群体不是那些时不时就感到“空虚寂寞冷”的绝望主妇，而是软饭男。他们才是最喜欢出轨的一个群体，出轨率是15%。

蒙施教授从社会心理学的角度对收入在家庭占比中比较小的男士的出轨行为做了分析。他们由于心理上的自卑心理，所以要通过比较“成功”的出轨来证明自己“其实还不错”。

用老婆养家的钱去泡妞来证明自己听起来足够邪恶，但还是把讲这个故事的机会让给那些苦情伦理剧的编剧吧，我们还是从经济的角度来聊。

蒙施的统计比率7：3从男女婚姻市场的角度看，有点像上海资金拆解市场的Shibor值，也许我们可以把它简称为Mhibor。

由于经济结构造成的男女收入的平均差距，人们更容易在男女收入差距是7：3时走进婚姻。而在婚姻中这个收入比例有所调整时，整个婚姻的稳定状况也会出现变化。

这也很好地解释了，为什么收入很高的女性晚婚者居多：主要是她们的婚姻成交价太贵了。娶一个年收入60万的女性的成交金额要年收入140万，这在年轻男性中非常罕见。而在这个市场另一端，低收入的男性会遇到完全相反的问题，他自己很可能是个很棒的人，却要被迫选择更便宜的婚姻成交。虽然由于信息不对称和预期失误，这些男性有捡漏的可能，但是随着时间的推移，其婚姻状态又会呈现不稳定性。

当然，Mhibor值在各个局域婚姻市场的值是不同的，这与当地的经济发展水平和男女稀缺程度有关。比如，在一个可以纳妾的婚姻市场，男女收入比例的Mhibor值肯定会更高。

如果你认为这种市场论破坏了纯洁的爱情，那就错了。其实正好相反。

在哺乳动物中极少有一夫一妻长相厮守的类型，这里边的例外只有草原田鼠和人类。这两个物种能达到这种境界的原因是在发情期可以分泌较多的可识别催产素——其实这是种非常有效的催情药——草原田鼠有这种特性是因为天敌太多，而人类则是因为财产问题。

你可以想象在一个月嫂和幼儿园费用飞涨的时代，如果男女只以一夜情的形式进行繁衍，那个母亲插着腰说“日子没法过了”的样子吗？另外，纳妾也是出于类似的原因。经济发展造成女性的收入大幅度上升，而纳妾又造成女性相对稀缺。假设Mhibor值为8：2，那么有4个妻子的男性收入要是女性收入的16倍。不是他不想纳妾，真实的原因是太贵了，他实在做不到。

个人财富相对于爱情的作用有点像养猪吃猪肉相对于猪种群的意义，把猪养肥了吃听起来很残忍，但如果不是人类的这个嗜好，家猪这个种群根本就不会存在。

女性对男性的关注是什么时候从适合交配转移到是不是有适合的Mhibor值上的，我不知道。不过就像伟大的历史学家威廉·麦克尼尔所说的人类历史是从什么时候开始的一样：当文化对人们行为的影响比基因传递对人们行为的影响还要大时，就开始了。

你应该和已经出轨的情人分手吗

这看似是情感问题，实际上是广义的财务问题。公司人应该关注到沉没成本对决策造成的非理性影响。

不知道很多公司人是怎么看待我的专栏的，竟然真的有读者认为我是女性情感专家，并且邮件咨询我，她应不应该和已经交往快两年但是最近出轨的男友分手。

我肯定成不了女性情感专家，并且一直认为女性情感专家们其实是靠卖三无面膜为生的。

一个人在某种情况下，该不该和她的恋人分手，这是个过于复杂的问题。因为即使我是那位女士现实中的朋友，也很难作出判断，这种事情的真相大概只有他们两个人（或者像她说的三个人）才知道。

不过，如果把这位女士作为一个无个性的个体，倒是有一些值得注意的。比如，她一直强调他们已经交往两年了，在这个过程中她付出了很多（当然，最重要的是时间成本）。与一个人谈情说爱两年，这个时间因素会影响你选择是否和 ta 继续在一起的判断么？从我的经验来说会。我还做了简单的小调查，调查结果也验证了我的经验判断。

调查内容大概是，如果对方出轨，你会不会选择和你的恋人分手。这个小问题的时间条件是，刚交往、相识半年、相识一年和相识两年。调查对象是，随机抽取路人甲（都是年轻女性）。这种随机抽样调查对于一个中年男性来说本来是件非常困难的事，但是感谢互联网，我可以用 QQ 随机寻找什么人，而不用在寒冷的大街上和发小广告的人抢生意。

调查结果是：如果对方出轨，参加调查的受试者 91% 会选择和刚交往的恋人分手；经过半年到一年的相处，分手率降到了 75%；而如果是两年，分手率下降到 50%。在交往两年的假设项下，很多人都表示要考虑一下。

时间因素会对人们的决策产生影响是合乎常情的，但这有悖于理性的决策规律。如果一个人根本就不能忍受恋人出轨这种事在自己身上发生，那么恋人到底是刚交往时就出轨还是认识两年后再出轨，并不应该影响其分手的决策。虽然有两年相处时长的差别，但它不应该影响决策的倾向性。如果未出轨方坚持认为这两年的时间是 ta 的“付出”，那么这段时间可以计做“受害者”付出的成本。即使这样，这段成本也应该视做“沉没”成本。如果一个人是理性的，ta 的决策根本不会受沉没成本的影响。

关于沉没成本也可以举个轻松点的例子，比如你和朋友去吃饭，并且在一家团购网站买了某家餐厅只限当天使用且不能退的晚餐券。到了餐厅所在的烧瓶猫，你的好运气来了，一家更棒的餐厅正在推出他们的快乐套餐，因为你已经是那儿的会员，因此可以和你的朋友当天享受免费晚餐。你会接受这样的免费邀请吗？

不接受免费晚餐，你的花费是那张团购券，而收益是一顿便宜但味道一般的晚餐；接受免费晚餐，你的团购券作废，但收益是一顿更棒的晚餐。接不接受免费晚餐，你的成本都是一样的，就是那张团购券的花费，这就是你的沉没成本。从理性的角度讲，你应该接受免费晚餐，这让你那天晚上的收益更高。但是，很多人都会顾及那段沉没成本，而坚持使用团购券。类比出轨那件事，只是因为两年这个因素就做出决策改变的，就是那些用团购券的家伙。

人们往往会忽视沉没成本对自己的行为造成的影响。在对沉没成本的关注程度上，大家也会因自己的资源存量不同而不同。这是指一个自认为在财务上更拮据的人，往往会忍住呕吐的生理反应吃掉已经不太新鲜的菜；而自觉青春无多的人，更容易觉得已经沉没的时间成本不应放弃，而更能忍受交往多年的恋人出轨。

为什么大龄女性挑选配偶的标准在提高，而男人却相反

我觉得这和性别间对收益和损失的认知差别有关系。

如果你注意观察，在中国超级城市的人们生活正在发生着变化。比如，年龄比较大的未婚人士越来越多，而其中男性女性对未来配偶的要求变化却在有不同的走势。

那些从事白领工作的女士们，随着她们的年龄增长，她们对理想对象的要求在慢慢升高。我接触的一个女孩就是这样，她在咨询行业，做得不错。34 岁，目前没有男朋友。在我认识她的时间里，我发现她对理想男性的收入基准要求的平均增长速度大概是 20%，这超过了北京非私人人均工资收入增长水平。我猜这不是个例。

当然，收入只是世俗的量化标准。整体上 28—35 岁之间大女孩们（基本上是白领）对配偶的要求是逐年升高的。这也是为什么每到过春节的时候，女孩会更厌恶七大姑八大姨以及自己的父母对自己婚姻状况的过问。

长辈或者同辈中的已婚者往往认为，随着女性年龄增长，综合

社会价值水平是在降低的。所以大家话里话外是在劝说大女孩们降低自身标准。这和这些女孩的标准表化趋势正好相反，所以理念冲突激烈。

而我观察到的另一件事是，大多数年龄稍大的未婚男性会随着自身年龄增长降低选择配偶的标准。所以，男性对所谓的逼婚平均反感程度较低，而且对相亲也较积极——他们更能将就。

为什么男性和女性之间会有这种差异？我觉得这和性别间对收益和损失的认知差别有关系。

其实在很多年前，也就是社会经济还不太发达的时期，没有配偶的女孩们也会随着年龄增长降低对未来配偶的要求。因为在当时的生产水平下，女性的收入要独立生活难度比较大。而且当她们年龄比较大还留在父母的家庭中生活，会受到来自于兄弟的压力。

这里的例子是《黄金时代》里的萧红。她应该是很独立的女性了，但是在当时的社会经济背景下，她依然要在很大程度上屈从于她所依附的男性。

在当代的中国超级城市中，状况有了很大变化。很多从事白领工作的女性的收入并不比同类的男性少，完全有能力独立过很不错的生活。所以寻找到心仪的配偶对这些女性来说，在她们心理账户上算作一种收益，而找不到心仪的配偶并不计做损失。

要说这里面有什么遗传学上的依据，其实反倒是容易的。女性繁殖机会有限（一共 400 个卵子），天然倾向于寻找最优秀的配偶，而“优秀”的定义也会随着自己的水准水涨船高；男性则天然倾向于传播自己的基因，对他们来说，传播的范围越广越有利，个体标准则放在其次。

不过，这倒是让我想起了伟大的丹尼尔·卡尼曼和阿莫斯·特沃斯基在 1970 到 1980 年代曾经验证并阐述的一个理论，来解释莫里斯·阿莱提出的阿莱悖论。

这个获得诺贝尔经济学奖的理论被卡尼曼起名叫“前景理论”。其中重要的一条就是，人们在处理收益问题时会倾向于规避风险；但当人们面对损失会倾向于冒险。

对于生活在超级城市的青年男女来说，所谓的“降低标准”是什么？其实，降低寻找配偶的标准，就是对自身生活风险的一种增加。这种风险包括，个人财富的损失，由于所处阶层不同而产生的价值观冲突，最后总体影响了生活质量。

通俗地说，降低找配偶的标准意味着婚姻生活变得很差的概率增加——费了好大劲儿，给自己找罪受。

在这种情况下，把寻找到心仪配偶算作一种收益的大女孩会偏向于不增加自己生活的风险，也就是不会降低寻找配偶的标准。反而，随着大女孩的财富和社会资源积累，你会看到她们挑选配偶的标准在提高。

而那些年龄较大还没结婚的男性会把“没有配偶”看作一种“损失”，在这种情况下，他们会更愿意冒险。通过降低选择配偶的标准来增加消除不婚损失的概率。

第六章

消费中，你别只想着买买买

>>>>>>>>

米其林为什么不如大众点评有效

米其林虽然来中国内地了，但是它的有效性其实很低。

米其林终于肯批量地对中国内地的餐厅做出评价了，首选地区落在了我最喜欢的城市，上海。但这没什么太值得高兴的——当然，绝对有志向去餐厅不是去吃饭而是要把它变成以吃饭为主题的照相馆除外——米其林对就餐者的价值远不如大家经常用的大众点评网（我无意给大众点评网做广告，有时候这家网站其实也很糟，我是拿这个网站指代一下原来人们所用的餐厅评价体系）。

米其林餐厅的评价体系建立一百多年了，在信息不对称的年代有人专门对旅行者做这种事其实挺有意义的，至少这极大地减小了你在异地他乡被黑店毒死的概率。但是在有了互联网之后，米其林的评价体系就显得笨重甚至蠢。

蠢点第一个，在于样本的选定。上海和北京这种超级城市有多少种菜系，有多少家餐厅，几乎很难统计，米其林是根据什么来选择样本的，把哪些餐厅列入了它的参考范围，它没说。但是根据结果，让人不得不怀疑米其林选取的样本中更适合香港地区居民口味的餐厅太多了，而且餐厅价格普遍偏高。

这里有个问题，为什么把价格高的餐厅作为选择好餐厅的样本群是有问题的？从经济学的角度看，不寻求边界的探讨是没有意义的。餐厅也是应该找性价比最高的。价格高的餐厅比价格便宜的餐厅在质量、服务和安全等各方面更出色是应该的，而餐厅评价体系帮助陌生就餐者寻找的应该是在各个消费水平中性价比最高的，不是绝对价格便宜，是性价比最高。在不把价格看成是一种对就餐者的束缚的情况下（也就是经济学里说的稀缺资源），那么每一个餐厅都可以做得非常好。

第二个，米其林让什么人去试吃了上海的餐厅得出了评价结果。据说，是很多本地美食者。在到餐厅就餐这件事上，美食家的看法并不比一般人更有发言权（更主要的是诚实）。更何况让美食家评选的单个测试成本比较高（测试成本是指让每个测试者去餐厅就餐，测试者所付出的精力、时间和金钱），这会造成体系测试数量变得很少，进而增加了测试效果出现偏差的可能性。

这里说的是南翔也被推荐了，其实这是种在上海遍地开花的进餐选择。这些小笼包口味的确出色，但并不值得推荐。这种推荐让我想起我高中的时候，一个女孩请我吃麦当劳，那是我第一次吃麦当劳的薯条和汉堡，觉得天下美食莫过于此。当时如果有人让我推荐餐厅，我肯定推荐新街口麦当劳。米其林推荐南翔，怀疑跟我当时对麦当劳的想法类似，主要原因是，以前没吃过。而这也是少数美食家可能给一个评价体系造成的偏差。

第三个，餐厅这种东西可以用比较模糊的体系来评价，但不能用精确的体系评价。这是因为人们的口味因诸多因素而差异巨大。

这里也不存在所谓的某种口味是优秀的而另一种就不好。但米其林对上海餐厅的评价结果是，只有一家三星餐厅，这很容易被人理解成那家餐厅是上海第一好的餐厅。这种状况的出现，把模糊体系变成精确体系，本身就说明其评价体系存在问题。

另外，米其林这种评价也人为地造成唐阁那几家餐厅的稀缺。这种评价只对入选的餐厅和在那家餐厅工作的厨师有好处，但对因为要去一家米其林三星餐厅就餐而必须要等上一个星期的人根本就是负价值。

在餐厅评价体系里，如果你真的是个要就餐的人，米其林（特别是在上海）的评价体系几乎对你毫无帮助。其实，从上海米其林餐厅的评价结果看，甚至让人怀疑米其林有没有资格来评价复杂的中国餐馆。在上海，被排在第一位的是粤菜馆，这本身就是件匪夷所思的事。

买什么更快乐

在基础需求得到满足后，人们该如何获得性价比更高的快乐？这还是有点规律的。

花钱，从有的角度看是件复杂的事，而从另外的角度看又很简单。甚至可以把消费行为只分成两部分：一部分为了满足基础的生存需要，比如在办公室的中午，饿了，你就要买一顿午饭；另一部分钱则用来购买快乐。这里包括一次令人愉快的旅游，或者一款奢侈的挎包（如果你是位女士的话）。

在一个比较富裕的社会环境中，人们会把更多的钱花在购买快乐上。对快乐需求程度的不同也是造成年轻的公司人和上一代人之间矛盾的一个原因。在新一代人看来，快乐是必需品，而维持生存的基础产品应该像阳光和空气一样与生俱来。而在那些度过艰苦岁月的人看来，快乐是奢侈品，可有可无。

怎样性价比最高地购买到快乐越来越成为人们希望解决的问题。购买更多的快乐，其中还要筛掉那些短期很快乐，但从长期来说让人痛苦不堪的消费（其中很多是违反法律的），包括毒品和色情。除此以外，怎么选择能让你在“双 11”或者其他什么节上花了那么多钱后可以收获更多快乐？

对于购买快乐的问题，很多心理学家和消费行为学家都有过一定程度的研究，我把它们总结一下，希望在购买快乐这件事上能给你一些有益的建议。

你知道购买快乐最重要的特性之一是什么吗？分享。

这大概体现了人类的社会性需求。我曾经看过埃德·斯塔福德的《荒岛余生 60 天》，在荒岛上斯塔福德看到落日之美，却感受不到一点快乐，因为这种美景不能用来分享。如果世上只有你一个人，美和快乐不能用来分享，那么这些美和快乐还有意义吗？也许还会有一些，但这种快乐起码要打 5 折。不信你可以设身处地地想一下是不是这样。

如果你花钱购买快乐，一定要考虑到它的可分享性。从这个角度讲，很多社交工具，比如微信的朋友圈和 Facebook 都增加了人们的快乐程度。关于性的快乐，在分享上有点独特。不用我说你也知道，一般来说性是不会被“分享”的。实际上，大多数性行为是一种“必须”，就像刚才我说的那顿中午饭一样，它更多属于满足基础需求那部分。在满足基础需求时，人们不愿意和别人分享。这也可以解释，一些总把自己的性行为拍成视频分享到互联网上的人的性行为其实是比较“泛滥”的，他们不是在满足基础需求。

第二个特性，性价比更高的快乐在于自我改善。和花 10 万元买块奢侈的腕表相比，有人用 10 万元保证你能健康地减肥，从获取快乐的角度讲，你绝对应该选择后者。

10 万元的手表的确能给获得者带来快乐，但是这种快乐太容易消散了，我的经验是，这种快乐的周期超不过 3 天。而减肥成功给人们带来的快乐能持续很长时间。造成这种差距的原因是，拥有奢侈品看起来很棒，但是它太容易让人适应了。人们很快会习惯戴着奢侈腕表的手，而对减肥成功，大家则要自我欣赏半年。人们对自己向着社会认同的方向的改变（或者说是改善）会非常在意。

在改善的初期，人们会有些痛苦，这阻止了人们向自己想象中更完美的样子变化，但如果你肯花钱购买一些“看管”服务，你会更加快乐。

这正是有人会对整容上瘾的原因。整容不用辛劳地坚持，只需要躺在手术台上被麻醉，然后很快就可以了。如果一个人已经习惯这样，躺在手术台上小憩一下，还挺舒服的，而醒来，自己已经完美多了！那么手术失败的概率或者往往容易被这个人所忽略。类似于整容依赖症的问题是应该在购买快乐的过程中小心的。也许我们应该在获得了相关数据，能推算出来手术失败概率是多少之后，去做整容手术——这有点像债券违约的问题。

为何没人买，星巴克还在卖依云

咖啡馆的菜单中需要一条“狗”，而依云水正好胜任。

消费是个取之不尽聊之不竭的领域。

咱们曾经聊过一个话题，“谁会在星巴克买矿泉水？”那一回里的问题是，大家为什么不会在星巴克买依云矿泉水？用行为经济学的观点来说，依云矿泉水在星巴克的交易感受成本太低了。

那么既然依云在星巴克卖得这么差，为什么这家著名的咖啡贩卖公司还在卖依云？

回答这个问题，先要过滤掉三个错误的答案。

第一个是，星巴克这么做存在一定的随意性。可以肯定，星巴克这样成熟的公司选择把什么商品放到它的橱窗里不是随机的。这是因为在咖啡厅里出现的任何一种产品都占据了有限的柜台橱窗和菜单位置，也就是说它们都存在机会成本。

第二个，星巴克和生产依云矿泉水的公司之间存在某种关系。生产依云矿泉水的公司的产品线很丰富，星巴克完全没必要选择最糟糕的产品来合作。

第三个，有的人认为依云满足了一些边缘用户的需求。即使在星巴克这种以咖啡为主题的创业项目谈判会所，也会有一些人专门为了喝水而来。但他们会点依云吗？并不会。你大可以向星巴克的服务员要一杯，这是免费的，而一瓶依云要 22 元。

关于这个问题，我的公司做过小样本调查，依云是北京几家星巴克里卖得最差的产品。芝加哥大学的金融和行为科学教授理查德·泰勒把人们交易的动力称作交易效用，星巴克里依云的交易效用的确太低了。

回到我们的问题上，既然如此，为什么星巴克还在卖依云。这对于很多餐饮经营者也许并不是很难的问题，依云是给那些星巴克的新顾客准备的。

说是给新顾客准备的，并不是说星巴克希望他们购买更多的依云水，而是拿依云水垫底，让新顾客感觉星巴克的咖啡家族价格并不离谱。一瓶依云矿泉水的价格比星巴克绝大多数的主打产品要便宜一点——Tall 杯的美式咖啡价格是 25 元，依云是 22 元；在 Tall 杯卖 23 元的时候，依云卖 20 元。

新顾客对于一张陌生的菜单，会倾向于选择价格适中偏低的产品，人们认为这种选择不会被看成傻瓜也不会被看作没见过世面——现在和你提初次去星巴克的这种感受，你可能已经陌生了，但回忆一下这个春节在北欧看斯堪的纳维亚语菜单的时候，仍然还是如此吧。

一般来说，连锁餐厅对菜品都是有设计的，菜单上菜品的分类类似于波士顿矩阵（BCG Matrix）里所说的企业分类。它们分别是：明星类菜品，这种菜的利润高，成本却比较低，是餐厅最想让顾客买的；金牛类菜品，这类菜品成本高，利润也还不错；山猫类菜品，它们的成本不高，利润率不错，但是点单量很小；狗类菜品，这种菜品成本不低，利润不高，点的人也很少。

狗类菜品在餐厅有什么存在价值？它起到的作用就是，为咖啡馆里的明星类菜品导流。你不要以为狗类菜品只要足够差就可以了，“狗”也要具备一些条件，最重要的是和餐厅的明星类菜品和山猫类菜品形成比较直接的可比性，让顾客感觉到餐厅或者咖啡馆贩卖的明星类或者山猫类菜品具有更高的交易效用。依云矿泉水就是星巴克的“狗”类菜品。

另外，依云水还有一个成为狗类菜品的优势，它的管理成本低——塑料瓶包装不易破损，产品保质期还长。一瓶依云水可以装扮成“狗”很长时间，直到它退休为止。

公司人在消费时怎样才能不被狗类菜品的价格而影响对菜品性价比的判断？你只要剔除菜单给你造成的框架效应就可以了——当然，在驾轻就熟之后，你可以充满自信地只点自己最喜欢的菜品，不管它是什么。

销售人员赚的都是穷人的钱

那些势利的销售人员获得利润的源泉正是那些更没有钱的人。

我新认识了一个人，他最喜欢乐呵呵地讲他以前做销售的经历：他是怎么用智慧和买家斗智斗勇的。我觉得他说的话大概能信60%（在销售人员中，这个实话率已经算不错的了），不过他的话有一部分应该是对的——他赚到的80%的钱是由20%，甚至10%的客户贡献的。

之所以相信他的话，是因为我有过一次糟糕的买车经历。我的一个前同事知道我在财经媒体工作，就非要我陪他去4S店看车买车。其实，在财经媒体工作和买车有什么关系我一直也没明白。不过，他可找错人了，我基本不开车，我对汽车最深的了解是自动挡的车不用管油门和离合器的配合。而我这个前同事对车也是一知半解。

这下好了，两个对车傻乎乎的人装模作样地站在4S大厅里，在几辆展示车之间蹭来蹭去，当有客户经理问了一句“怎么样，看看车吗”的时候，我们吓了一跳，“对，对，看看车。”之后这次看车就成了场不大不小的灾难。

销售经理看到我们的状态就带我们看那个品牌的几款低端车，而且态度有点轻蔑。这把我的朋友惹得不高兴了，在和销售经理不断的言语摩擦中，他最后选择了那个品牌比较贵的一款车。我知道这超出他的预算了。而且这车有一些听起来怪怪的功能，大概只有世界末日的时候才用得到，购买者却要为了这些“末日功能”花很多钱。我不懂车，但是很在意钱，能劝这个被激怒的购买者的话只有“你要这功能有用么”。

最后，生意谈定了，这个家伙定了一辆很少人过问的车。而且，他认定，那个销售经理一开始看不起他，后来因为他买了那辆怪车就很尊重他——那车他开了几天就后悔了。

也许是我脸皮比较厚，我对那个客户经理的态度不是太在乎，而多花快 10 万元来购买他的尊重，更是件非常可笑的事——为了一个势利眼的销售经理让我去花钱，这简直太离谱了。

联想到我在文章开头说的那个销售员所说的“鸡贼”二八法则，的确是 20% 的客户创造了 80% 的利润，但那 20% 的人我想也不是什么高端的客户，而是和找我去看车的那人一样：不太了解要买东西的情况；不太知道自己想要什么；自尊心还挺强。当然也许，那个销售经理开始的轻慢态度本身就是种策略——又或许我把他想得太聪明了，他只是本能地势利而已。

实际上，我怀疑一个什么都不懂的消费者就能免费打击那些销售的市侩——嗯，好，谢谢你，好像有点贵，我再到其他地方看看。

在 1990 年代，两个经济学家伊恩·艾瑞斯和彼得·希格曼，他们针对美国的购车者做了一个测试。这些购车人分别是年轻的黑人男性和女性，以及类似装束和教育背景的白人男性和女性。同一款中等车，黑人男性接到的报价要比白人男性高700多美元。

开始这两个经济学家以为这是销售人员的种族歧视倾向造成的。但是与他们把测试对象都转向黑人销售人员的时候，这种报价上的差距并没有消失。有点出乎大家的意料是不是？一般来说，人们会认为，销售人员会把更高的价格报给看上去更有钱的白人青年（不是种族歧视，一般来说人们都有这种偏见，这有点像你会认为一个瑞士人比一个越南人更富裕，虽然事实并不一定是这样）。

这两个经济学家认为，销售人员会把更高的价格报给那些砍价可能性最小的客户，这些客户并不一定是富人，而是看上去信息渠道最闭塞的人。在这个测试中，黑人男性是人们想象的更像那种人的群体，而我们去看车的那次，我们也被认为是这样的人——那个销售经理猜对了。

为什么人们不在乎为婚礼花钱

在一生中发生频率最低的也就是你对花多少钱最无所谓的事。

恋人们要过的一个关口是婚礼。他们似乎对婚礼上的仪式安排总是有不同看法。很多情侣还会因为婚礼花费水平吵架。我的一个熟人就是这样，女孩要把婚礼办得更复杂更体面些，而他对此却没有那么大兴趣。最后没有分手而继续办了婚礼的原因是，我这个熟人同学的小孩已经开始准备考高中了，他刚初婚，而且新娘比他小15岁。为此他让步了。

为什么男女在婚礼花费的看法上会有很大差异？我觉得对这个问题的解释，很多情感学家走错了方向，他们说女性更注重婚礼的原因是女性更喜欢仪式感，以及男权社会造成女性对婚姻的依赖更严重……

其实答案很明显，婚礼一般是男性负责成本，女性负责效果，而婚礼的最终收益，也就是那些红包，一般都归新娘保管。这些风俗不知道是怎么形成的，但从庸俗的角度来看有点不公平。如果中国的风俗是婚礼花费账单男女各付一半，然后收益平分，比如成立个婚礼筹备股份有限公司（这是个玩笑），那么因此造成的争吵肯定会减少很多。

男性同样重视婚礼是可以肯定的。在以前的社会，1930年代以前，婚礼上女性几乎没有表现机会，她们蒙着盖头像个大个儿的快递包裹一样，只能用耳朵听大家在干什么，男性是表演的主角。而婚礼的收益和支出都属于男性。当时，婚礼是一个人社会地位、财富水平的体现，也被认为是重要的社交机会，以至于人们如此重视它，对婚礼的花费也并不敏感。

人们对花费的敏感程度大概和两件事有关系。

一个是人们一生中产生这种花费的频率。

消费行为的敏感程度和这种行为在人们一生中所发生的频率有关系。婚姻是人们一生中只有一次（起码是大多数人希望只有一次）的事，所以，人们对婚礼的花费非常不敏感。和此类似的还有葬礼和生小孩。不过，最近30年，人们的离婚率上升而生小孩的次数下降了，因此人们对婚礼花费的敏感程度上升了，对养育下一代花费的敏感程度下降了。

另一个影响因素是花费的总额度。

如果你花了500万买了一处二手房，那么大概不会对原房主是不是把原来放在客厅茶几上的烟灰缸拿走了而耿耿于怀，虽然从理论上来说那是属于你的。即使那个烟灰缸在超市购买的时候需要花费200多元。但很可能是同一个人，在平时的出行过程中对被多收了的10元停车费怒不可遏。（当然，这个例子中让敏感程度变化的因素也有频率，人们买房子的频率要远小于存车频率。）

如果人们是充分理性的，肯定能分清200元要比10元多得多。

而他的决策机制更应该以一个阀值来确定。比如对大于某个数额现金价值的争执会在意，当数值上升到一定程度会发怒。但事实却不是这样，人们的心理格算方式是按“项目制”的。关于某件事的花费，大家会在心里给它定一个预算。其实，在每笔预算的敏感程度差不多的情况下，人们从预算百分比小数点后边三到四位开始持无所谓的态度。但是不同花费金额的0.01%，差距其实非常大。而钱就是钱，无论它在人们哪个预算项目里，对人们生活的作用都是一样的。

我们可以暂时把这种心理格算方式叫做同比例不敏感习惯。这种习惯对公司人投资者的投资行为起了很坏的作用。比如人们普遍对股票交易商收取的佣金不敏感，这造成很多人频繁交易股票。而每次交易都会花上几百元也不一定赚钱的人，却对要不要喝一杯星巴克犹豫不决。

或者对主动基金收取的管理费视而不见。实际上，这些花费非常大，也是影响投资收益的最主要原因。

为什么超市返现金比打折更受欢迎

除了误算，人们的心理账户也喜欢这种把一个花费变成一失一得两件事的感觉。

在春节期间去超市是件非常痛苦的事。我就是北京这座超级城市的居民，在春节时不用受春运之苦，但是不能免除挤超市之苦。如果你在春节时要全家过年都还算满意——这个家庭的概念比日常生活的家庭概念要大，所以更容易出现互相不满意的矛盾。一个大家庭做主的人就更要注重从超市高性价比的购物，而那些超市也会在春节前后低价促销，以增加它们的资本周转效率。

我们小区边上的巨型超市，在这段时间进行了两次打折活动，一次是全场商品 8.5 折；另一次是，购物满 300 返 50。稍微解释一下，满 300 返 50 的意思是购物超过 300 元的人会在收银时得到 50 元的现金返还到这个人的超市购物卡里。另外，这两次促销的商品范围是相同的。

假设你只能参加这两次促销活动中的一次，那么理性的选择应该是哪个？

一个初级理性者会犯一个错误，那就是简单地把买 300 返 50 算成了 8.33 折。如果这么算，8.33 折优惠肯定优于 8.5 折，所以他会选择满 300 返 50 那次。但如果你细想，就会注意到一些问题。

首先，你购物的额度超过 300 的概率是多少，根据美国的统计（美国大多数日用商品比中国要贵一点，而且我已经进行了汇率换算）这个概率小于 70%。当然，在春节购物期间人们购买的额度会增长，但相信购物额度小于 300 的可能性还是相当大的。如果出现这种情况，购物者得付全价。另外，比如你买了 450 块的东西，其中 150 块要付全价。所以，在此时你的打折度是 1-50/450=8.89。我相信一个购物者很难控制他们购物额度是 300 的整数倍，所以绝大多数人会出现这种“折扣损失”。

另外还有一点，满 300 返 50 返回的其实是一种准现金，它只能沉淀在购物卡里用于购买这家超市的商品。而打 8.5 折，购物者得到的好处是真正的现金。

如果你更理性，就应该选择 8.5 折那次促销。

但现实中，大多数人还是选择了满 300 返 50。我怎么知道的？因为这家超市两次活动我都参加了。满 300 返 50 的活动出动的购物者大概是 8.5 折那次的两倍，当时拥挤的收银台给我造成的焦虑感影响了我好几天。

为什么，满 300 返 50 会给人更大的吸引力？除了我前边说的那些误算者还有其他原因吗？

我的前同事给出一个解释。满 300 返 50 的参与者是那些为公司购买年终福利的人，他们可以通过购买商品套取返还的现金。

我不否认有的家伙会这么干，虽然在开发票环节这些套利者会遇到一些问题，但肯定还是有利可图。不过，这些人只是人海中的一小部分。

我对满 300 返 50 的痴迷增量的解释是，人们（绝大多数人）的心理账户会把收益或者损失按次数计算，而对收益或者损失的绝对总和敏感度并不那么高。

这么说你可能还不理解，举个例子。有两件倒霉事：你的车在路边停着的时候被蹭了，你找不到责任人只好自己花 800 块修车；另一个是，你还和上一件事一样，车被蹭，但修车花了 1000 块，而在回家后发现自己的一张彩票中了 200 块钱，设想一下，哪件事更令你颓丧。

我所问的大多数人觉得中彩票那个更容易让人接受。芝加哥大学的理查德·泰勒对美国学生进行试验，大家也选择了第二种情况。当然，这两件事的损失是一样的。

超市打 8.5 折就像那个直接花掉 800 块的选项，而满 300 返 50 就类似修车中彩票的事。人们从本能上的反应是第二个更好。

这似乎是个普遍规律，你可以把这个原理应用在很多事情上。

为什么超市的入口总在最右边

这样的安排也许可以让消费者更容易冲动，而多买4%的东西。

除了在网上购物你去实体超市购物吗？我是还要去的。一方面去实体超市在时间上更可控；另一方面，也有很多乐趣。我喜欢逛水产部，看着各种各样的鱼和海鲜，想象它们被做熟时候的样子对于我来说是种放松。还有各种零食好看的新包装，有时候会禁不住那么华丽的吸引而把它们扔进购物车里。

当然，还有一些细节也很有琢磨一下的意义。比如，在很多超市你会发现超市的入口更喜欢被安排在这个市场的最右边（当你进入超市的时候）。特别是会在收银出口的右边。那些新建的超市这种设置更普遍。

为什么要把门放在右边？对这个问题最早涉及的是美国的鄂勃·索仑森。索仑森是个非常有创意的行为学家，他把跟踪射线发射器安装在超市的购物车上，来采集在超市购物的客人们从哪走、在哪停的数据，再把这些数据和人们的账单对应起来进行交叉研究。

这有点像野生动物学家们的做法，把无线电线圈挂在海豚的鳍上来找到它们的生活规律。

在这些交叉分析中，索仑森发现推车逆时针行绕着超市逛的消费者比顺时针的那部分人平均要多消费 2 美元多。而美国人人均每次消费量是 50 美元左右。那 2 美元的差距就是 4%。你知道沃尔玛最近的 2015 年年报里的净利润率是多少吗？刚刚超过 3%！接近 4% 的差距绝对值得一家大的零售公司为此做出改变。

如果一家超市把收银台设置在推车入口的左边，那么大多数消费者就会很自然的推着购物车逆时针行进到收银台结账。这样从大概率来说，他们会比超市入口安排在左边多消费一些。

为什么会出现这种逆时针行进的人比顺时针行进的人消费更积极的情况？其实蛮简单的。当一个人顺时针行进，超市货架在这个人的左边；但当他逆时针行进，超市货架就在这个家伙的右边。绝大多数人是“右撇子”，逆时针行进时，他们可以更方便地用右手从超市的货架上拿东西，扔进购物车。而当他们顺时针逛超市，货架在左边，他们从货架上拿东西要慢一秒多。也正是这一秒会降低人们消费的冲动性。比如说我，让我再多想一秒的话，购物车里那些花里胡哨的薯片和鱼大概会减少 20%—30%。

中国实施的是靠右行走的规范，所以人们习惯关注身体右侧的景物。所以在 shopping mall 的大走廊里，主人流方向右侧的店铺更容易给人留下深刻的印象。

在北京，shopping mall 两边待遇差距最大的恐怕就是王府井东方新天地的一层。大多数逛东方新天地的人是从东向西走，人们会对右手边，也就是南边的商铺更有印象。同时东方新天地是坐北朝南的房子，很多人也会从南门进东方新天地，他们一进门就会先注意到对面的商铺，还是南边。我猜，在超长的东方新天地，如果在北边的商铺和南边的商铺买同类的东西，北边的生意肯定比南边的好很多。

当然这个右式规律在马来西亚、英国这些国家并不完全适用。

研究行为经济学的人们就是弄明白了这些细节问题，然后把答案运用在商业实务上。商业也就是这样不断提高社会效率的。

为什么说到礼物大家都先想到红酒

关于用红酒送礼不是个耍鸡贼的故事，而是人们对陌生人社交关系的约定俗成的定价。

我被邀请参加一个不太熟的女士生日聚会，你觉得我送什么礼物好？你先别说，我猜一下。是红酒对吗？

类似的问题，我还问了几个熟人，他们的建议都是红酒。我熟人的红酒倾向激起了我的好奇心，是我身边的人这样还是大家都这么想？

为了搜集更多的答案，我在微博上发帖并且用 QQ 随机找人来听大家的建议。我一共问了 64 个人，其中两个人建议我送房子和以身相许，被我认为是开玩笑排除在外了。

统计结果如下：

红酒 26

巧克力、糖 13

蛋糕、饼干 8

茶 5

香水 3

首饰 、假珠宝 3

装饰摆件 2

衣服 1

茶具 1

红酒果然大获全胜。

到底为什么说到礼物人们都会想到红酒?

可以扯上一个生物学解释。那就是“糖”。凡是以碳为骨架的活物（几乎包括地球上所有的动物）几乎都喜欢糖，这是个嗜糖的星球。

其实巧克力、糖、蛋糕、饼干都是糖的一种形式，而红酒其实是糖的一种溶液。对于糖的喜爱已经带到人们的基因里，带到潜意识里。人们接触糖会本能的兴奋。在这个小统计里，关于糖的礼物占到礼物总比重的 75.8%。

不过这个解释很少出现，主要因为它看起来理所当然：那些外观美丽大方、保准不出错、买起来又方便的商品，糖和酒就占了很大的比例。

当然,更重要的是还有经济学解释——人们喜欢红酒的模糊性。

这种模糊性首先是大多数人是分别不出红酒这类东西的好坏。很多行为学家做了人们对红酒的鉴别能力的试验。

在 2011 年，怪咖心理学家理查德 . 怀斯曼（Richard Wiseman）在爱丁堡国际科学节上进行了一个双盲实验，这个实验的内容很简单——他在超市买了一些红葡萄酒、白葡萄酒和香槟，每种类型的酒他都挑选了一瓶贵的，和一瓶便宜的。然后让 578 位品酒者在双盲的实验条件下分辨哪瓶酒更贵。

实验结果验证了人们认知的这种模糊性：有 53% 的品酒者可以找出香槟酒中哪一款便宜哪一款贵，53% 听起来还不错，其实就是和瞎蒙差不多。白葡萄酒的好坏鉴定稍微好一点，品酒者的成功率为是 59%，这也是实验中最好的纪录。而在红葡萄酒部分，成功找对了贵的酒的人只占到 39%。买一种别人都分辨不出哪个更好哪个更差的礼物真是太棒了——既然大家很难分辨贵贱，在必要的时候何不买个便宜点的？

另外，红酒的模糊性还体现在它的外观美观程度差别不大，但是价格差别却很大。对于不太熟的人如果送给他红酒就有一个最好的选择——买一款名产地的低配酒，这有点像中国人买车，喜欢那种昂贵品牌低配置的车。这样可以让对方以为那是一款很棒的酒，但其实价格并不贵。虽然现在通过互联网可以迅速的查出商品的真实价格，但真的那么执拗的人大概不多——那些酒名字的法文定语太长了。

关于用红酒送礼不是个要鸡贼的故事，而是人们对陌生人社交关系的约定俗成的定价。如果非要加上一点接地气的理由，那我猜想应该是送红酒看上去“比较洋气”。这个暗示似乎同时适用于收礼和送礼的两方，皆大欢喜。

对了，你知道我参加的那个聚会的女主人收到了多少瓶酒吗？答案是：去了 11 个人，一共有 7 个送酒的。

为什么高铁的一等座不招人喜欢

人们的消费感受是分敏感区和非敏感区的

我的一个熟人，他的妻子怀孕了，在元旦前他的任务是把临产的太太护送回丈母娘身边。

因为目的地没有机场，所以他们只好坐高铁过去。车票很紧张，最后他只买到了一个一等座和一个二等座，怀孕的妻子被安排在一等座，而自己坐二等座。他后来抱怨，这是个相当糟糕的决定。

在这个不常坐高铁的男人的想法里，高铁一等座这么贵，总该提供免费午餐——然而并没有。另外，他要从二等座跑到一等座看望一下妻子，但每次都被守在一等座和二等座接口处的列车员询问跑去一等座的目的是什么。

他觉得不公平：除了座位宽度，一等座和二等座几乎什么都没变，但价格却比二等座的价格高了70%—80%。

我做过一次人们关于“最糟糕的消费”的调查，高铁一等座的糟糕程度排在第二位（排在第一位的是纬图手机）。人们对更贵的高铁商务座的认同比一等座要高得多。绝大多数人表示，除非万不得已或者公司报销他们不会购买高铁一等座这种“冤大头”式的服务。

事实上，高铁一等座比二等座还是有一些差别的，比如二等座的座位每排是五个而一等座每排是四个座位。一等座座位前后距离也大于二等座。总的算下来每个一等座相对每个二等座的设备成本提高了 60%。

这么算来一等座的票价比二等座高 70%—80% 并不算过分。但为什么人们会这么不认同高铁一等座呢？

讨论这个问题，我们可以从最基础的说起。对于某种商品或服务，人们花出去的是钱，而购买到的是什么？丹尼尔·伯努利（这个人还创造了流体力学，因为有了他我们才知道怎么把果酱或者可乐好好地装进瓶子里）给人们的这种获得感的量度取了个上档次的名字——效用，并且为这种概念制作了数学模型，所谓的效用曲线。那形状像个风车的叶片。

但是，人们的脑子怎么想要比果酱怎么流复杂得多，伯努利的效用曲线设计得太简单了。在这儿举一个更能让人明白的例子。

美国曾经有一个那种闯关抽奖的电视节目，叫做“要钱还是要命”。参加者的规则是，猜谜题获奖然后过关再参加下一轮猜题。另外中间还设计了个环节，人们要经历“俄罗斯轮盘”的考验。猜错题的参赛者要面对一只虚拟的左轮枪，枪里有若干颗子弹，一个女明星随机转动那个轮盘，轮盘停下来时如果枪膛里有子弹，参赛者就被击毙出局了。

但在转动轮盘之前，参赛者可以选择用已经获得的奖金购买轮盘中的一颗子弹并把它去掉。

人们在选择购买子弹时的意愿是不同的。选择把轮盘里的子弹从 1 颗降至 0 颗的人们很多。当然，最多的还是购买把轮盘里的子弹从 6 颗降至 5 颗的，以保留自己的一线生机。而在轮盘里有 3—4 颗子弹时，参赛者更多的选择听天由命。而从数学的角度讲，无论是轮盘里有几颗子弹，人们买掉一颗子弹从而增加继续闯关的概率是一样的。

心理学总结这个问题的结论是，人们更在意落在自己意识敏感区的东西。人们的意识中从 16.67%（轮盘里有一颗子弹参赛者被击毙的概率）降到 0% 这个概率变化是明显的，从 100% 变成 83.33% 的变化更明显。如果把钱花在这种概率变化上，人们就觉得值。但是，概率如果从 50% 变成 33.33% 人们就没那么敏感，就会觉得钱花得不值。

在消费过程中，服务或商品的获得给消费者情况带来改变。即使改变的幅度相同。如果这个改变发生在敏感区，那么人们就会认为这种消费购买的效用比较大，而如果这种改变发生在非敏感区，人们就会感到购买的效用比较小。

高铁的一等座和二等座的差别也类似于此。

一等座相对二等座的票价高了 70%—80%，这个价格变化足够引起人们的敏感了；而同时一等座享受的服务使每个乘车者所占的平均面积增大了 60%。这种变化对于消费者来讲并没有落入他们的敏感区。大家更在意的是附加服务、附加设施等等。

足够令人敏感的价格变化和不够令人敏感的服务改变相对应，人们当然会觉得购买高铁一等座是个很差的选择。

而高铁的商务座，虽然它更贵，但是商务座的服务改变进入了人们下一个敏感区，所以人们对它反而会更加认同。

所以你会发现坐高铁主动选择一等座的有两种情况。一个是公司报销；另外一种是更敏感的人——他们之所以来这儿，主要是因为无法忍受二等座可能出现的、那些打扰到别人的客人。

第七章

那些破产的最佳途径

>>>>>>>>

为什么赌徒会在大概率的游戏中破产

你会输在什么事上，小概率事件么？其实往往不是。

一个喜欢投机取巧的人总会利用业余时间做投机取巧试验。这个人就是我。我最近又发现了一条发财之路。

是这样，我发现了一个提供手机足球押注的平台（我可以保证，这个平台不是骗人的），参与的人可以在比赛开始了很长时间后再下注。在某个时间后（这个时间是我的发财点，保密），你只要押注双方比分不变就可以了。大体来说这个时间后比分发生变化的概率是 1 / 3，而赔率接近 2。

这么说你可能还没明白。我的意思就是，如果你把手里的筹码分为 3 份，在我说的那个时间点押注 3 场比赛，那么你的平均收益率是：［（13×2+13×2+13×2）×（1-13）-1］×100%=33.3%。

我承认我的算式有点故弄玄虚，其实就是每次大概能赚 1 / 3 吧。这种比赛每周有一到两次，我可以用点小钱来试试。

最开始我买了 14 元的筹码，然后更加小心，每次只用 1 / 6

的筹码按照总结的规律下注。这种做法真的奏效，第一个月，我的总体筹码从 14 元变成了 128 元，比我预想的收益率还要高。

但是后来问题来了，在一次下注中，我猜错了两场比赛，当天我的心情不太好，就把所有的筹码都押到另一场比赛中，结果那场比赛也猜错了。

在第一次试验失败以后，我又试了一次，结果梦想破灭的速度比第一次还要快，我的心情烦躁点到得更早，到一个月时我输光了所有筹码。

看上去是个很聪明的计划吧，我到现在竟然都还认为比赛的那个时间点很重要，但它并没有帮我赚钱，反而浪费了很多时间。

问题出在哪儿？也许大家会把注意力放在我两次都躁怒地把所有注都下在一场坏运气的比赛上。这的确是个问题，对于赌徒来说也是危机的爆发点。赌博在很大程度上是为了获取快感，赌徒的快感来自于每次可能获得的收益绝对数逐渐变大。

赌徒的这种情况类似于喝酒的人对酒精需求的累进增加。几乎每个喜欢喝酒的人，对饮用酒精浓度的渴求都随着年龄的增加而增加。这里顺便说一句，那些认为所谓的“90 后”不喜欢白酒，并认为白酒公司没前途的分析师都是蠢货。赌徒在某个特定的时间会非理性地选择孤注一掷，就像爱喝酒的人肯定会在某个聚会上喝醉一样。这几乎是迟早的事。有的时候赌徒还应该庆幸，自己孤注一掷的时刻来得比较早，因为早到的非理性时刻不会让人损失太大，而且还有机会重新做人。

但其实，我的下注规划中还隐藏着更大的问题，那就是我把自己总结出来的规律概率想得太高了。也许用 1 万场比赛来体现比分是否改变的概率要更严谨，而用 3 场比赛，什么情况都可能出现。

我开始能赢些钱，收益率甚至超过了理论概率，那只是一时运气好。幸亏我没太相信自己不靠谱的概率总结，要不我现在就是在火车站边的地下通道里写专栏了。

你还记得那个长期资本管理公司吗？那些大佬其实和我犯了同一类错误。当然了，他们比我还蠢，他们用了杠杆。我犯傻的故事的衍生启示就是，在有限次数的押注中，你不妨把获胜概率设想得小一点，以预防出现有限次数在某些阶段出现的概率扭曲。当然，你最好不要凭借概率投资高风险资产，而要根据它们的内在价值。

所以在很多时候，看似有道理的事其实并不一定那么有效（它们的有效性通常只存在于理论上）。一个自以为聪明的傻瓜，往往不会在小概率问题上倒霉，这是因为他们的智力还足以支持他们不在小概率问题上下大注；但是他们会在大概率问题上栽跟头。

不靠谱投资公司是什么样

靠谱的投资很多，完全没必要玩捉迷藏。

不知怎么了，几个熟人，最近几天都在问我某资本投资公司靠不靠谱，并把这家公司的资料发给了我。看了之后我觉得，这对我来说是件一举两得的事——首先，它基本能被判断为是家足够蠢的骗子公司，这可以避免让我的那几个熟人上当；其次，我新一期的专栏还没有着落呢，正好可以说这个。

怎么判断一些朋友、熟人、朋友圈推荐给你的投资公司靠不靠谱？这对于那些手里有点钱内心不怎么“安分”的公司人来说是挺重要的。由于一般公司人缺乏金融知识识别那些厚颜无耻的金融骗子，所以咱们选择“感知排除法”，只要看看那些投资公司的网站和宣传品就基本可以判断它们的来路了。现在骗子做事也真的挺粗糙的。

特征一，读它们名字的感觉就像看到了东北地区澡堂子老板的金项链。

骗子公司的名字，一种是其使用的定语都非常粗暴，其目的是让别人觉得它非常大、有实力。另外一种是名字和一些非常有名的金融机构容易混淆。有时候它们还会用一些莫名其妙的英文缩写。其目的都是造成投资者的误解。

特征二，它们的注册地在美国、英国或者开曼群岛，但是连个像样的英文介绍都没有。

说自己的注册地在英美，主要是迎合一些中国投资者崇洋媚外的心态。很多中国人认为外国人比中国人要高级一些，所以做的金融产品也更赚钱。其实英美这些地方的大金融机构，如果面对的是普通投资者，投资将更加谨慎。也就是说，从收益率记录上看，应该更低。投资者完全没必要为了一家投资公司有个海外注册地而趋之若鹜。

以上说的还是那些真的在海外注册的投资公司，而有的公司标榜是海外公司，但连像样的英文简介都拿不出来。如果你在外企工作过，就知道那些大公司的洋官僚是多么重视 PPT 和文件格式、用词。而那些骗子为了省事连个好一点的英文翻译都不愿意用。在那些文稿中把花旗银行称作“Huaqi bank”之类的问题比比皆是。让它们见鬼去吧。

特征三，报道这类骗子公司的都是一些第 167 线的媒体。

在网上搜这家公司，它们也许会出现在一些网站上。当你点进去，发现这些网站粗糙得不忍卒读，而且充满了色情和治疗难言之隐的广告（我敢肯定这些网页展示的广告和我的阅读习惯无关）。而那些真正的金融公司是很注重自己的媒体背书的——受雇于这些金融公司的公关公司绝不会让报道做成这样。

特征四，它们号称有某种原始股。

关于有原始股的故事我自己就听过五到六个版本，但每一种版本都是骗子。几乎可以确定，公开出售原始股的机构都令人怀疑。

特征五，在它的宣传册或者网站上显眼的地方有那些“投资者”乐呵呵的集体大照片。

这种大照片的形式按照逻辑似乎并没有什么大问题，但是，对于面向普通投资者的资本管理公司发这种大照片就是一种不祥之兆。

特征六，公司成立时间少于8年。

衣服是新的好，而金融机构正好相反。很多投资行为都是这样的，如果它做一件事的时间足够长，那么它值得信任的程度也相应增加。你发现一家投资公司的成立时间在6年之内，我劝你直接放弃这次投资机会。当然，不是老的金融机构一定可靠，雷曼兄弟在破产前有一百五十多年的历史。

特征七，如果这家投资机构对自己的描述模糊不清，那你还是放弃吧。

如果你得很费劲地查找一家投资机构到底怎样，那你还是放弃吧。没有必要把一笔投资做成冒险之旅。靠谱的金融机构很多，没必要捉迷藏。

别投资比特币

投资比特币最好的情况是，你有1/3的赢钱概率，而从长时间来说这是个期望值为负的事——起码现在看来是这样的。

这个题目有点夸张，我的意思是，如果你运气一般，并且不是比特币“圈内人”，那么最好不要投资比特币这种东西。新媒体时代，大家的题目都难免会夸张点。

比特币最近的市场价格一度超过1000美元，然后快速回落。在你看到这篇文章的时候又不知道变成什么样了。这种“货币”最近这么引人注目，就是因为它突破1000美元后继续创了历史高点，这不由得让那些梦想发财的人对它有了想法。

有些分析文章甚至说，比特币的上涨会导致黄金价格下跌，而且以后比特币很可能取代黄金。怎么评价这种看法呢？一个人放了个屁，地球的另一端正好发生了一场地震。然后，这个人就说他释放的肠道中的气体导致了这场地震——严格来说这种说法不完全错误，放屁的确对地震有同向作用，但他只是放屁而已。

我曾经做过一次关于投资理财的直播，但当时并没有什么人看。

我太太安慰我说，当天是黄晓明和 Angelababy 结婚的日子，人们都去看他们结婚了，所以没看我的理财观点。这个逻辑基本类似于说比特币和黄金相互影响的逻辑。我太太拿我比作 Angelababy 是出于爱我，而这么说比特币的人大概也是由于太爱比特币。

我接触过一些比特币的投资者，他们中的一部分是所谓的“极客”。一个专注投资理财的人和一个“极客”遇到一起，大家会寻找一些话题的契合点，好让场面别那么尴尬。这时大家会聊到比特币。

我有种感觉，“极客”好像非常享受于一般人不能理解比特币这种“货币”，以显示他们的聪明。当然，更多的“极客”并不是什么极客，而是那帮管张朝阳叫“Charles”来表示自己是业内人士的二把刀。“极客”和二把刀极客都很爱比特币，由他们控制的那些媒体，也都爱死比特币了。

比特币是一种去中心化的货币，也就是说，没有一个央行能控制它。这也是“极客”最欣赏它的一点。其中似乎还包含了某种社会管理的理想。但这是真的吗？

据统计，绝大多数（90% 上下）比特币掌握在少数几个比特币交易公司手中。而在通过挖矿获得比特币成本很高的情况下，这些比特币交易公司就成了比特币央行，它们基本可以控制比特币的市场价格，并通过吸引新的比特币投资者投资来赚钱。

投资比特币想要赚到钱，就要猜到比特币央行的意图。你以为这是在和比特币庄家玩猜拳吗？不是！如果把这种猜测简化一下，这种投资有点像你猜测表演“仙人摘豆”的魔术师把小球放到了哪个杯子里。这太难了，最好的情况是，你有 1 / 3 的赢钱概率，而从长时间来说这是个期望值为负的事。

比特币还有一个“极客”们认为的好处，没有通货膨胀。比特币不会像官方货币一样，政府可以不断发行，造成通货膨胀。

实际上，没有通胀是比特币的一个问题，而不是优点。

不能根据经济效率提高而增加供应量的货币，会阻碍经济的发展，而某一种交换中介物的实际价格越来越高，也就失去了中介的性质。所以，没有通货膨胀的比特币不可能成为最广泛使用的交换物或者投资品，而越是小范围参与，比特币的价格被操纵的可能性越大。

有些投资比特币的“极客”自称是长期投资者，他们相信比特币的稀缺性会让其长期看涨。但比特币这几年交易价格的上涨很可能来自全球流动性的泛滥，或者其他一些隐秘的原因，而不是所谓的稀缺性。比特币的交易价格变化如此之剧烈，根本不适合做投资。一般投资者完全不用考虑它。

为什么公司人最好不要投机期货

你即使聪明地猜对了“趋势”但还是很难赚到钱。

上个星期我回了一次《第一财经周刊》。和老同事聊天是件很有趣的事，其中也谈到了哪些投资方式不那么适合一般公司人。除了木头手串和核桃——我主要觉得不断用手揉搓那些东西有点可笑——最危险的就是参与期货交易。之所以有这种看法是因为我有类似的经验——我所认识的期货业余交易者全都赔得很惨。

上个星期的国际大商品价格剧烈地上蹿下跳，好像就是为了说明这个道理。如果你不想那么快破产，最好离这种交易远一点。

公司人不要参加大商品期货交易，最大的原因是，这种交易基本上是一种“零和博弈”（也就是说，在这个市场上赢钱的交易者获得的收益都来自于输家。如果算上交易费用，其实大商品期货交易应该是负和博弈）。

一般来讲，单纯的零和博弈都不那么利于人类的整体社会效用。而交易者能不能赢，大部分也要靠运气。如果某项交易能不能有收益大部分要靠运气，对大多数人来说就是项糟糕的交易。这类活动最突出的代表是赌博，如果你把赌博当成投资，就离跳楼不远了。

普通人想通过大商品期货交易获利，第一个难点是要准确判断大商品价格的走势。这真的很难。大商品期货交易产生的原因就是，价格趋势太难判断了，以至于制造商们要用期货交易来规避风险。如果谁能比较准确地预测这种趋势，那他绝对有资格去一家大石油公司做 VP 以上的职位。

除了要准确预测，交易者还要保障在他所预测的趋势中没有突然的“逆流”发生。所谓“逆流”，就是在某种商品价格一直下跌的过程中，某一天或者几天突然出现急速上涨。

前面说的这两个星期的大商品价格上涨就是这种情况。如果交易者的交易杠杆足够高，那么急速上涨往往一天就能让一个一贯正确的人失去所有的交易本金。

一般来说，如果交易所发现某个交易者的仓位已经快爆掉了（就是由于商品价格涨跌而损失掉所有的钱），就会打电话给这个人问他要不要“补仓”，继续参加这场赌博。

所以很多期货交易者几乎每天都处于精神紧张状态。我以前的一个同事就是这样，参与大商品期货交易改变了他的生活，不久就得了手机震动幻觉症。这个毛病的专业名称我也是后来才知道的。表现就是精神紧张，因为总觉得手机在震，所以那个家伙几乎每 3 分钟就会掏出手机看一下。而且，只要坐在办公室，那个交易者就会查看期货交易的情况。他如此用功，但最后还是输给了“逆流”——总共赔了 60 万。

我那个同事，除了损失掉 60 万，他没有意识到另外一个大问题，就是在交易期间，他的社会资本和人力资本的丧失。对于大多数公司人来讲，最珍贵的资源其实是时间。一个人把大量的时间都用来看那些数字跳来跳去，而影响了他的工作状态，以及没有关注身边那些很重要的人，即使赢了钱都不一定有性价比，更何况是输了。

另外一个，你要注意期货交易界的那些骗子。除了那些恶劣的坏蛋，伪装成交易平台，然后拿了你的钱转身就跑的，还有一些伪装成业内人士的家伙。这些人占据了某个三流电视台的垃圾时段，然后告诉那些想发财但大脑晕乎乎的投资者，通过怎样的 K 线分析就能看到明天可能的价格走势。

他们就像股票交易中那些兜售K线图的人一样，他们毫无价值。在股票交易中无效的手段在期货交易中肯定也是无效的。投资者在这方面花钱，就是买了些低级的谎话用来欺骗自己。通过这个赚钱？还是别想了。

为什么援助是低效的事

可能一切援助都是低效的，但现在的情况下，可能人类只能如此。

在现实生活中，捐赠和救助似乎也是个人财务生活的一部分。特别是那些很有钱的人。

马克·扎克伯格预期自己在未来会捐出 450 亿美元的资产。这个消息在中国更多引起的是，人们对这个伟大的资本家道德的评判。当然，理财专栏不评判道德，我们可以看看 450 亿美元到底可以做什么。世界银行在最近 10 年里两次提升了生活极度贫困的标准线。从每人每天消费 1 美元提升到每人每天 1.25 美元，然后这个数字又提升到 1.9 美元。由于经济发展，贫困人口的规模在不断减小，但是在2015年，平均每天只有不到1.9美元维持生活的人，全球还有7.2亿。这个群体离 1.9 美元的消费缺口大概是每天 4 亿美元。

马克·扎克伯格捐出的资产如果变现，大概能救助全球 1 / 3 的极度贫困人口脱贫。而剩下的部分，只要中国和美国所有过得不错的中产阶级每人每天捐出两元钱，就能把这个缺口消除。如果这是真的，我相信绝大多数人也不反对这么做。

然而真实的情况是，从捐款一端来说，人们捐出的钱比咱们上边所说的数额要大得多。但是在另一端，受捐助方的改善却总不那么明显。最近 8 年，在经过通货膨胀的调整后，全球极度贫困人口只减少了不到 10%。这还是在中国和印度两个富含极度贫困人口大国经济迅速发展（虽然在 2008 年全球金融危机后，发展速度变缓，但对比其他经济体，它们还是相当快的）之后的数字。经济的快速发展让中国和印度的很多贫困人口脱贫。

另一个真实的情况是，中国和印度减少的数字在其他一些国家又被制造出来。而中国和印度两国得到的国际脱贫援助并不多。

在 2010 年世界银行的统计中，人均接受援助前三位的国家是萨摩亚、汤加和佛得角。其中萨摩亚每人每年获得的援助是 802 美元。这个数字是中国或者印度同一指标的上百倍。如果我不看救助数据，根本不知道萨摩亚这个国家，甚至会以为它是某种宠物的名字。不过很显然，这个海岛上胖胖的居民每年什么都不用干，就靠捐款也不至于贫困——他们依然年年需要国际捐款来脱贫。

造成国际捐款分配极不均等的原因是大多数国际组织把对贫困人口的援助项目按照国家和地区来划分。打个比方，印度比萨摩亚接受的援助金额可能要多一些，但是萨摩亚的人口只是印度的 1 / 6000。

这就是个很矛盾的现象，中国和印度接受了极少的援助而贫困人口下降得很快，那些接受更多援助的经济体却在不断制造新的贫困人口。

这里除了政治因素（据说有的政府官员因为本国被定为非常不发达地区，而能接受更多的援助，竟然开派对庆祝），经济学家彼得·鲍尔曾论断：如果某个地区除了资本，其他发展条件都具备了，那么资本会迅速在本地生成；如果发展条件不具备，那么援助的收效会非常低。

用通俗的话来解释鲍尔的论断就是，最穷的那些地方接受援助的收效是最差的。一般来说，不具备脱贫条件的地区接受援助反而会固化其贫困水平。接受脱贫援助最有效的地区往往是那些比贫困线稍低一点的地区，它们只需要一些“过桥”援助就可以摆脱贫困。而那些救援机构的选择却正好相反，它们更倾向于把钱给那些最穷的地方。这种援助低效现象其实在一般人的生活中也适用。一个极度贫困的家庭或个人，通过救济一般很难摆脱极贫状态，但是人们还是不断把援助给到他们。

所以，当你给一个乞丐的帽子里放钱的时候，不管他是不是在欺骗你，你的行为可能都是低效的。在现在的援助水平上，马克·扎克伯格的捐献虽然伟大，但也是在做一件低效的事。

当然，很可能人类只能如此。

票据理财的风险在哪

寻找说谎者的游戏往往会忘了最直接骗你的那个人。

要是你并不是个“贪心”的公司人，只要每年的投资收益超过长期国债就可以了，那么上一次所说的打新股可能是个办法，而这次说的票据理财肯定是个办法（至少现在看来是这样的）。

其实票据理财产品一直存在，只不过以前这类产品主要是由银行发行。发行银行从这些产品中收到的费用是非常低的，大概只有0.05%，却要为这些产品提供相当值钱的银行信誉背书。通俗一点说，就是银行的好信誉由于价格限制没能卖个好价钱。所以，银行把这种产品推向普通投资者的意愿并不高。

当然，这里也有宏观原因。在2012年之前，决策当局采取了收紧流动性的策略，大量发行票据理财产品融资和当时的宏观政策相悖。

现在情况不一样了，央行虽然还保持着中性货币政策，但也不忌讳向市场更多地注入流动性。同时，很多公司也真的需要钱。

在这个阶段，把金融产品搬到互联网或者移动客户端，都把这种产品的发现和获得成本降低了。那些互联网公司就怕你发现不了它们做了什么呢，想尽了办法整天在你眼前晃。

现在这种敲敲手机就能买到的理财产品，之所以还算靠谱，主要是因为它们的投资标的是银行承兑汇票。银行承兑汇票这个词无疑是非常让人讨厌的，你也无需深入地理解它，大概的意思就是银行答应给你一笔钱的凭证。因为就像我们前边说过的，银行有比较好的信誉，答应的事基本都能办。这就是银行承兑汇票安全的原因。

一些公司本来持有银行承兑汇票，为了增加现金流会把这种票据打折质押给理财产品平台，由理财产品平台发布给一般投资者。在票据到期之后，质押票据的公司会用票据（银行承兑汇票）从银行拿出钱来，再加上打折质押造成的差价，支付给一般投资者。银行承兑汇票的到期利息和打折差价加起来，就是投资者的投资收益。

票据理财产品相对安全，一个是因为它的投资周期短，基本在半年以内到期，大多数也就是一个月左右。一般来说，在这么短时间里有流动性问题的公司还是比较好分辨的，只要那些平台公司不是瞎子。

即使质押票据的公司真的有问题，它也只会影响到其给出的折扣差价部分收益，而更主要的部分，银行承兑汇票到期的钱，还是属于投资者的。

其中最大的问题就是承兑汇票的商业银行破产了。如果我们处在 1930 年代的美国这的确是个不小的风险，而现在从理论上来说也的确有这种可能。但相信我，这种可能是理论上的。让一家承担诸多社会责任的商业银行破产不只是经济问题，更是社会问题和政治问题。

银行破产的讨论价值不大，最大的风险其实是那些公司质押的票据是不是真的。这个尽职调查其实不难，如果那些专业调查者不是故意看不出问题的话。

话说到这里问题似乎都解决了，现在互联网金融上发售的票据理财产品似乎是万无一失的。

且慢！你忘了最大的说谎者，那就是那个卖给你产品的平台。它们中有的可不是善良之辈。有时候它们骗投资者是票据理财产品，但鬼知道它们拿钱干什么用了。

这种说不清的事件在 2014 年就发生过。当时一家这样的平台发生了兑付问题，而这帮家伙又死活不让别人看它的票据是什么样。

所以，亲爱的公司人，你们在买这种理财产品的时候不要光看超过 15% 的投资收益率。那些有真实销售额和利润的公司做的平台应该更值得信任一点。

稍微靠谱点的投机市场什么样

如果一定要把钱放到投机市场上，那就选择稍微靠谱点的。

尽管人们把钱放到股票和债券市场上从长久来说更有利于改善他们的财富状况，但事实却是大家对投机更感兴趣。就像我的一些熟人所做的，他们买了很多木头珠子或者小块玉石，然后再非常虔诚地把自己的汗和分泌的油脂蹭到这些小玩意儿上，并且坚信这么加工后会吸引更多的买家以更高的价钱把木头珠子和玉石买走。局域投机市场种类如此之多，以至于很多想以此发财的人都不知道该怎么选择。虽然我一直认为它们都令人怀疑，也不能无视这类问题对人们财富的影响。我为此看了几个大部头的人类投机史——既然一定要这么做不如选择一些稍微靠谱一点的——它们一般具有以下特征。

01　具有比较大的偶然性

这也是投机市场有吸引力的地方。最突出的例子就是彩票，如果人们保持理性就不应该购买，但事实却正好相反。在1600年代，荷兰曾经有过的郁金香狂热中，也有赖于偶然性的推动。当时最贵的郁金香球茎被称做“奥古斯都”。这种郁金香花瓣上呈现的奇异花纹是由于某种植物病毒感染造成的。所以有时候人们以非常便宜的价格买了一个普通的球茎，却能因开出“奥古斯都”花纹而发财。投机性的魅力也正在于此。捡漏的可能性让人们产生了高收益率的幻觉。

02 具有比较公开的行家交易所

几乎所有能形成一定规模，并在一定长度的时间内能有序运行的投机市场都有自己的行家交易所。其实，神秘的投机市场都有内行盘剥外行或者新加入者的特性。但是，如果要交易相对有序，还需要行家们形成一个比较统一的业内标准，以区别那些投机品什么是好的，什么是地摊货。这种行家交易所的雏形一般是酒馆或者咖啡馆。它们基本上是行家们在某地聚集休息聊天的时候形成的。华尔街交易所的形成似乎也是这样。这些交易所往往是它们所涉及的市场参与者心目中的圣地。

03 具有傻瓜参与者的绿色通道，如果能稳定地证券化就更棒了

一个投机市场如果只能吸引行家参与那将是一个小众市场，这个市场不但流动性差，而且会形成强烈的零和博弈。这就像一片森林中只有老虎和熊这种猛兽存在，而没有鹿和兔子，老虎和熊只有互相吃才能生存。结果是这个生态系统很快就崩溃了。

就像我们前边说过的，投机市场都有内行盘剥外行的特性，所以一个能长期维持的投机市场一定需要各种傻瓜投资者进入的绿色通道。也就是说，在这个市场中除了有众人追逐的精品，还需要有一般投资者能买得起的“家常货”。如果一个投机市场能证券化是

最好的，很多投机品证券化以后都变成了登堂入室的高级货，比如说红酒就是这样变高贵的。不过证券化对于很多投机市场来说，其交易品的模糊性造成其证券化非常困难。

04　交易品难以复制

一个能长期维持繁荣的投机品市场中的交易品基本要耐保存，而且难以复制。这个道理很简单，如果一个投资者以非常贵的价格买了个玩意儿，过一阵发现这货完全可以用机械大规模量产，那么原来的交易将变得毫无意义。这也是从来没有形成过一个塑料收藏市场的原因。所以，取自于植物原产的收藏品都有被复制的风险，生物技术完全可以让核桃和橄榄核结得更大也更符合人们的标准。铝和玻璃曾经也是人们的主要投机交易品，现在这类东西的旧物可能只有废品回收部门会感兴趣。总之，投机品市场会受到技术发展的冲击，那些造假者在品质上虽然可鄙，但实际上他们更是理性的传播者。

以一种正确的姿势来交易

即使有了好的策略也不一定能赢，问题很可能在于姿势。

梅纳德·凯恩斯曾经为了研究艾萨克·牛顿爵士——这个伟大的科学先行者的一生，通过拍卖购得了牛顿十几年闭门研究的手稿。但打开一看，凯恩斯傻眼了，两个锈迹斑驳的大箱子里装的大部分是牛顿爵士对于怎么把铅炼成金子的记录。这样一个极其理性的人也有他的另一面，想通过隐秘路径发大财。

这让我想到了自己，我曾经迷上足球彩票，把业余时间都用来估算两支球队赢球的实际概率和人们投注胜率之间的差距。曾经我似乎还从中看到了一线曙光：你要投注到一个莫名其妙的联赛中，寻找赔率相差比较大的一场比赛，下注赔率高的一方；然后再找到一场最著名的联赛中赔率相差最大的一场比赛，下注赔率低的一方。

这种方式有一定的道理，但是没有严谨的概率算法。不过在实际交易中这种方式帮我在赌博游戏中获得了交易优势——赢了钱。但是看一下我总体的交易记录，仍是糟糕透了！

为什么会出现这种事：你的交易方式似乎有优势但是输得很惨？其实答案太简单了，我没有按照自己设定的方式交易，因为那样谨慎的态度太不过瘾了。

最理性的赌博方式是——这句话的语病在于没有最理性的赌博方式，如果你理性就不应该赌博——找到期望值最大的盘口，下比较大的注；在期望值比较小的盘口下，比较小的注。这样平均下注，可以让你有微小的胜出优势。在足球赌博中要找到这样的期望值差距其实非常难，因为这里边有个看不见的手，“庄家”。你很难长期保持这种优势。

而赌博的一个特征就是，让参加的人很难保持平均下注这种操作方式。你想要平均下注时，你的直觉系统就会跳出来说：“嘿，别这么小气，还是来点过瘾的吧！”这时你脑子里的抉择系统就会在放手一搏和遵守纪律间来回犹豫。这种犹豫类似于一个减肥的人抉择是享用一顿超豪华的晚餐还是吃醋拌芹菜。从长期来说，哪个方向会获胜呢？根据英国一家数据公司的统计，胖子为了减肥拒绝大餐的概率是0.08%。

人们的心理账户在赌博中总是有一种叠加效应，期望下一次赢的钱占自己总财富的比率呈上升趋势，所以赢钱的人不会轻易离开赌桌。而输钱的人希望下一次的下注能为以前的赌债翻本。这两种倾向都会让人们下注的客观额度越来越大。如果进行时间累积，不论是赢钱的人还是输钱的人，他们的结果都是输光心理账户上所有的钱。一些人是可以对心理账户做分区的，也就是赌博的钱和生活的钱在想象中并不装在一个口袋里。另一些人却不能，他们的心理账户只有一个口袋。我根据电视台法制节目的案例做了一下统计，赌博大概是导致犯罪的第一大要素，其次才是酗酒和吸毒。

虽然我基本能做到把下注足彩的钱和其他的钱放在不同的口袋里，还算个正常人，但我还是感谢有关部门停止了通过互联网就可以下注的举措。人性的另一个特点让我可以晚一点破产，这个特性就是懒。而且我也不会到彩票站，排在 5 个大爷身后，只是为了试一下自己的运气。那实在太 low 了。

另外，虽然关注各种投资 10 年了，但是我还是很难分清楚买彩票和买股票的心理边界在哪里。赌博和投资这两种行为在适当的时候是会互相转换的。根据彩票的问题，可以设想一下，如果股票市场还保持着 1940 年代的交易状态，整个市场中的价值投资者会多一些。因为那时候一个普通投资者要买上一只股票，公共汽车要坐 3 站公共汽车，再在经纪人家门口等上 1 个小时。

当然，这种复古计划蠢极了，不可能实现。

一个股票投资者如果发现自己账户上的钱从长期来说总是越来越少，就有必要检讨一下自己是不是以一种赌博的方式在交易。俗话说：没赚钱，一定是姿势不对。

别买航空延误险

购买参与者非常少的意外险等于是给保险公司送钱。让航空公司设定延误赔偿也不是个好主意。

我最近做了一件蠢事。从重庆回北京，我在一个最著名的订票公司买机票。那个呼叫中心的服务员在确定机票信息后问我要不要买航空延误险。因为当时重庆正是连阴雨天气，我怀疑那班飞机会像往常一样晚点，想试一下自己的手气就买了。事情就像我想的一样，那班飞机延误了。知道飞机不能按时起飞，几乎所有的乘客都在骂天气或者航空公司，只有我在笑眯眯地感受自己智力上的优势。

第二天，当我打电话问我的智力优势该如何兑现的时候才知道，这种航空延误险要飞机延误3个小时以上或者航班取消才会获得几百元的赔偿。我买这种航空延误险花了40元。但根据我的经验航班延误3个小时以上的概率大概是1／40。

我的天，一个一直以为自己聪明的人原来在做一件期望值是巨大负数的事。而且，那个订票公司呼叫中心的服务员还告诉我，乘客中买这种航空延误险的人不多。也就说，很少有人像我这么蠢。

虽然我后来搬出了撒手锏，“你知道我是媒体的么……”那个公司把骗我的钱还给我了，但是这依然不能填补我的失落感。

不过，通过这件事我想明白了一个问题。如果有人要你买一个参与者比较少的意外类保险，那最好不要参与。

保险的运营方式是这样的，意外险等于是保险公司在和买保险的人对赌，如果意外发生了保险公司就输了，如果意外没有发生保险公司就会赚钱。为了让自己赚钱的概率更高，保险公司会在精算师计算后才推出相关的保险产品。在这场对赌中，保险公司的赢面总是比买保险的更大。但是如果这项保险和普通人的关系密切，比如关于汽车的保险，那么它的购买者就会非常多。

保险购买者越多，参与其中的保险公司也会越多。为了在竞争中取得优势，保险公司就不能把意外险的赔率定的过于有利于自己，因为这样会被其他保险公司用更有利于保险客户的赔率抢走生意。所以，一个占据保险公司业务种类最大的险种，往往它的赔率对于买保险的人是最公道的——这也让投资保险公司股票的人要保持点警惕，如果某个保险公司的业务中某个险种占的比例过大，那么这家保险公司就有可能因为一场小概率的意外蒙受巨大损失。

而那些和人们没有什么密切关系的意外就不同了。由于参与其中的人比较少，所以参与的保险公司也少。有这个险种的保险公司为了赚钱会把赔率设计得更有利于自己，购买这种保险的人在概率上往往非常吃亏。

航空延误险这种小众保险还可以进行推论，那是关于航班延误的问题。购买的人很少，这说明实际上，大部分乘客对航班延误并没有他们对公众媒体表现的那么看重。所以现在很多人要求尽快出台航空公司延误赔偿，是个非常差的主意。

首先，从乘客对航空延误险的态度就可以知道，即使有赔偿，他们由于飞机延误而产生的焦虑情绪也不能有效地平复下去。既然如此，也就没必要赔钱给那些焦虑的乘客。

另外，如果把飞机延误赔偿乘客的条款列入自己的行业规则，那么航空公司就需要为了这种可能的成本支出而调高机票的价格。由于中国的航空公司比较少，这种因为延误赔款达成行业票价共识的可能性非常大。既然这种机票价格共识非常大，所以航空公司也不会把更多的精力放到让航空公司的运营更有效率上去。

相对于同样长的飞机延误时间，我觉得还是买到更便宜的机票会合算一些。而且我相信，绝大多数人并没有那么争分夺秒，只不过装 B（装做很 Busy）是大家的一种本能而已。

你为什么成不了网红

知道网红的规律你也成不了网红，因为有好运气是很贵的

一个熟人给我发过一条微信，要采访我。但是我有什么好采访的？他说，他们要做一期网红的节目，总结那些网红是如何红的。而他认识的最“网红”的人就是我。

天啊，他是怎么想的！我肯定不是网红，就算我是，这个规律即使可以总结出来还能用吗？

不过的确，自从 papi 酱获得再次融资以后，很多人，特别是媒体从业者都悄悄开了自己的公众号——“这娘们都能红，我要是直播自己大便没准也能获得 VC 呢。耶！”

那么，总结 papi 酱的制作规律，然后按照这个套路运营，再然后获得融资……这种想法看上去很合逻辑。

但是，也有让 pre- 网红们失望的消息。这类规律很久以前那些 papi 酱的制造者们就知道了，而且在一个普通人成为网红的所有因素中并不占很大的权重。

你知道网红的规律但还不能红的原因是什么？原因就是希望这么做的人太多了。你只看到了几个 papi，而看不到她们是从多少人中被选出来的。

这有点像古罗马雄辩者马库斯·图利乌斯·西塞罗说过的那个例子——有神论者和无神论者为了信仰进行辩论。有神论者拿出一幅画，画中是一些在海难中幸存下来的祈祷的人。并对无神论者说，你看这些对神作祈祷的人幸存下来了。而无神论者说：那么，那些淹死的祈祷者呢?

在淹死的人中可能也有人在祈祷，但是因为他们已经淹死了，所以你不能找到他们来作证，证明那些祈祷的人也会被淹死。如果祈祷者中被淹死的比率并不低，那么祈祷就是无效的。

那么，主要因素是什么呢？很简单，它们是钱和概率。你要有钱雇一大帮人先假装认为你很有趣。然后再凭运气。如果你没有钱也想变成网红，那么最主要的就是运气。

似乎被网红主宰的时代，人们获得有效信息的成本更高了么？其实平均来说它不会有什么变化。而人们获得了更多的选择权，这听上去不是什么坏事。

还有一本正经的评论者有那样的担忧——当网红那么赚钱，人们都去当网红了，经济会空心化——这种想法蠢得有点萌。先不要说，这个原因和结果在经济体量上巨大的差距。单指这件事，我相信绝大多数，99.99% 的 pre- 网红坚持不了多长时间就会继续滚到格子办公区里抱怨着过他们照常的生活。这就像人们买了年卡却去不了几次健身房的道理一样。如果人类都那么执着，世界早就变坏了，等不到现在。

第八章

怎么找份更赚钱的工作

>>>>>>>>

怎么获得一份更赚钱的工作

高杠杆的职业是个方向，但也要注意风险啊。

这篇文章是应林仲旻老师要求回答读者提问的，林老师就是我的从业指路灯。不过我非常害怕这又是篇“然并卵”的文章。

然并卵的第一个关键点在于你要努力地去做你所从事的工作，这是讨论的前提。如果不是，你最好的赚钱方法还是等待你家房子被拆迁吧。

另外一个前提是，你要喜欢你的工作，这是最重要的。最起码不能厌恶它，就算它挺赚钱，这不光是一个“忍”字就能解决问题的。根据美国心理学家罗伊·鲍迈斯特的发现，人们长时间干自己不想干的事会出现一种心理问题：“自我耗损”。自我耗损容易让人沾染诸多恶习，比如酗酒、暴饮暴食以及乱性。如此，你多赚的那点钱还不够填补这些恶习对你产生的财务损害的。

第三点就是我们提到过的，你应该从事职业杠杆高一点的职业，这会赚到更多的钱。

至于衡量一个职业的杠杆水平，有一个方法是统计一下这个职业的收入分布曲线。如果一个人从事某种职业的收入，随着时间推移呈现均匀的等比数列变化，那么这种职业的杠杆率就比较低，如果收入随时间变化带有突变性，那它的职业杠杆就比较高。

举例来说，中学历史老师就是职业杠杆比较低的职业，他们的收入会随着工作年头的增加而每几年增加一定比例的工资，律师却不是这样，他们的收入随着经验和名气的增加呈几何级数增加。

不过一个人在追求职业杠杆的同时也要注意，职业杠杆的高低类似于投资中的债券和股票。低职业杠杆的工作职业风险也较小，他们的收入是可预期的；高职业杠杆的工作风险也比较大。在一个社会节奏变化不那么快并且社会保障较好的社会，比如说日本，增加职业杠杆不一定是职场人追求的目标。

令人不安的还有，高职业杠杆的职业要想挣得多，在很多时候要凭一些运气。

比如，如果资本大佬发现投资电影能够赚钱，从而加大对电影行业的投资，电影从业者中，女神安妮·海瑟薇的片酬会获得很大的提升，而在北影厂门口等盒饭的人群的收入水准就不一定了，有可能盒饭中的荤菜质量还会下降。

这是因为，海瑟薇们的收入增长速度太诱人了，更多有表演天赋的人因此被吸引到等盒饭的行列中，有的人为了获得一个非常小的角色甚至愿意自带盒饭挤到这个圈子里来。但即使这样，一个女孩能不能成为海瑟薇，和她所带盒饭的质量或者表演水准不一定完全成正比。

预测某一行业将会发展成什么样是非常困难的。一个公司人要提防所从事的职业被高速发展的技术所淹没，要提防自己被那些新生的软硬件代替。从自身利益角度来说，那些识文断字的记账人在帕斯卡发明第一台手摇计算机之前就应该集资把那个伟人毒死。

当然这是个玩笑，谁也阻止不了社会发展。但如果公司人发现自己的工作变得越来越依赖机器，那就应该多加小心。一是小心自己被这个冰冷的朋友所替代，再有就是，机器伙伴就像合伙人一样，它干得越多就越会以资本的身份从利润中分得更大的份额。而机器操作逐渐更加傻瓜化也让操作者的被替代性增强，公司人从这种效率提高中获得的工资收益增加值是非常少的。

最难被机器代替的职业是能影响人们情绪的。一部分是让人快乐，人们是根据自己的快乐要素进化的，所以大家永远需要这个；另一部分是驱除人们的恐惧，这和快乐是孪生兄弟。

如果你的工作是能让人们直接产生快乐或者驱除恐惧的——当然这种职业要合法且尊重公序良俗——那么将是很有前途的。

也许你需要点风险才够好

风险承受这是个投资理财的终极问题，人们需要增加一些杠杆并且要有能力对抗焦虑。

社交软件让世界的距离变短了，我最近竟然参加了一次同学会。当然，并不是所有的聚会都那么令人愉快——我的同学中已经有人因为衰竭类疾病过世了，这让我联想到自己已经衰老到了什么地步。另外，我隐约感到大家聚会的目的很庸俗，比较收入的高低、住房的大小、开什么车和孩子的学习状况成了主题。

在饭桌上最先喝醉的是那个在比较中不太如意的，他拍着我肩膀述说这个不公平的社会时顺便把在消化道里转了一圈的虾仁吐在我新买的“N”鞋上……一个频繁写专栏的人，如果参加一次聚会只发现了鞋上的虾仁，那他的人生真是足够失败了。通过大家比较工资和经历，我觉察到，一个非常重要的因素左右着大家的收入水平。在相近的起始状态下，风险承受能力起着很重要的作用。这大概是投资理财的终极问题。

如果你工作在中国的那些超级城市，又是靠自己工资收入为生，就更应该有点冒险精神。

根据我的统计，最近15年，在那些竞争产业领域，公司人靠有一定频率的更换工作所达到的收入增长幅度，超过在一家公司一直努力工作获得内生式工资增长幅度，这一概率是很大的。之所以用概率这个比较难理解的参数是因为人生一去不复返，如果一个人决定换工作，那他就不可能继续原来的工作，所以换不换工作之间可能产生的收入差距用概率表示更合理一些。最近10年，甚至在相对垄断的行业也是如此。

这种情况和人们的传统认知相反，大多数人认为如果一个公司人就职于一家足够有行业竞争力而且赚钱的公司，在公司中获得升职加薪的平均速度会战胜那些工作换来换去的职场二流子。而在我的统计中，真正工资增长幅度最大的人群，他们更换工作的频率一般是4年。

产生这种差别的主要原因可能是，产业采用新工作方式对效率的提高和新投资造成人力成本的提高幅度要比企业利润的提高幅度快得多。当然，在这种变化中，公司人需要承担一些风险。比如，在换工作前很多人会想的问题：如果在新工作岗位干不下去或者新公司倒闭，那么新工作增加的收入能抵消失业时减少的收入吗？

在中国那些超级城市（北京、上海、广州、深圳）这个问题的答案更倾向于“是”，而在经济整体活力偏弱的城市答案则更倾向于“不”。

超级城市吸引了更多的投资，这除了增加换工作的公司人的收入，还提高了人力市场的流动性——这很重要，高流动性造成了在经济活力高的城市工作的人更有意愿冒点险，因为相对于经济活力比较低的地区，他们的冒险会获得相对高得多的补偿。

在公司人获得财富收入的另一个渠道，投资收益中，也有类似的情况出现。总体上说，在中国这十几年，财富机会对风险承受能力更高的投资者更有好感。投资的增长和货币流量的增加使资产价格的增长幅度远远大于资产本身的现金流，这在一个投资增长迅速的经济体并不是偶然的。

如果一个投资者把自己的现金全都用于购买风险比较小的高等级债券和银行定期存款，那 ta 肯定会成为市场的输家。

所以，从财富的角度看，如果一个人要战胜你所在群体的平均数，除了所谓的情商和智商，还需要一定的风险可接受程度。如果你总是考虑怎么把自己以后的风险降到最低，那可就错了。这是个有点复杂的问题，你需要一些财务或者风险杠杆，承受更多的风险还需要具有一定的对抗焦虑的能力。这的确不那么简单。

你应该具有多高杠杆

世界的确在变好，但是它不一定像你想象的变得那么快。所以，你到底应该具有多高的杠杆，是个人生问题。

在投资理财的哲学中，这个世界分为两个部分。一部分是已知的。比如，大家都很清楚自己哪天能拿到和公司说好的工资。另一部分是未知的，你不知道你的股票一年的投资收益率到底会是多少；你在现在的公司几年后到底会坐到什么职位。未知的事物总是让人们感到更加焦虑也更有趣。

从某种角度上说，人们应该感谢亚当·斯密和凯恩斯，还有货币的信用化。为什么呢？因为他们让最近100来年的人类经济不再像以前一样呈现一条平行线似的发展，而是越变越好了（你可能认为其他影响人类生活的伟大人物比凯恩斯他们的影响更大，这不是我们应该争论的，你只要认同近代人类社会越来越好就够了）。人们有必要思考一下在未知的世界里更多地做些事。

当然，如果你做的一切事都是已知度非常高的，那么你会感到内心非常踏实。但是，假设这个经济社会越变越好（起码还看不出近几十年里它有变坏的意思），你却不做一些没有把握的事，那你就亏了。道理很明显，一个人只做有把握的事，而别人做了未知的事。同时你处在一个变好的社会里，那么别人做的未知的事得到更好结果的概率是比较大的。如果把这些决策行为放在投资理财的领域里，相对财富就会降低。我们可以把在未知领域做的决策叫“杠杆”。

只在已知领域做的事包括：只投资国债类的固定收益产品，在一家足够大而不倒的公司做固定的职位等待公司发展给你带来收益的增量，以及只用全款购买自己居住的房屋。

相对有未知杠杆的做法是：购买权益类投资产品，适当的时候会冒一点险换个公司以求发展的机会，并且会贷款买房子投资。在一个越变越坏的世界里使用杠杆无疑会让你更加倒霉，但在越变越好的社会情况恰恰相反。

不过，公司人也要有保守的一面，过高的杠杆足够毁掉你的生活。这需要通盘考虑。就像我们以前提到过的詹姆斯·科尔曼说的，一个人具有 3 种资本——人力资本、社会资本和财务资本。

我的一个朋友最近办了件蠢事（我认为蠢）。他买了套相对昂贵的房子，并用尽了他所在城市房地产政策允许的最高贷款率，希望等到房子涨价后获得非常高的投资收益。如果光从数字上衡量，这也许不是个错误的决策。他和他太太的月收入除了负担家庭日常开销是可以担负每月的房屋月供的。不过理财的事只从数字考虑往往会出问题。

在这里有 3 个隐藏的杠杆危机需要提醒公司人。首先，如果你的资本包括人力资本、社会资本和财务资本，这三类资本的相互转化效率是人们理财时的一个重大问题。若你的资本有一个总的杠杆份额，当你的财务资本运用了很高的杠杆，其他的资本杠杆率就会下降。杠杆使用得太偏颇会影响几种资本的转换效率。我那个朋友将要面对的问题就是，他可能要如履薄冰地面对他的职业转换问题，很可能因为财务风险放弃一些不错的机会。

其次是时间问题。在高财务杠杆的压力下，你可以忍受多长时间。这有点像你以一种非常别扭的姿势乘坐非常拥挤的地铁。你可以保持这种姿势忍一站，但你能以这种姿势到达目的地吗？这是你在上车前应该考虑到的。房屋交易中的很多税就像那种别扭姿势。

第三是快乐的问题。其实快乐是理财的终极问题。高杠杆的财务投资会在多大程度上降低你的快乐水平？在投资前，你要考虑降低快乐水平是不是经济。

世界的确在变好，但是它不一定变得像你想象的那么快。所以，你到底应该使用多高的杠杆，是个人生问题。